EXTRAIT
DU RÉGLEMENT

SUR

LE SERVICE INTÉRIEUR, LA POLICE ET LA DISCIPLINE

DES

TROUPES D'ARTILLERIE.

STRASBOURG,
De l'impr. de F. G. Levrault.

EXTRAIT
DU RÉGLEMENT

SUR

LE SERVICE INTÉRIEUR, LA POLICE ET LA DISCIPLINE

DES

TROUPES D'ARTILLERIE.

PARIS,

Chez F. G. LEVRAULT, Éditeur de l'Annuaire milit.,
rue de la Harpe, n.° 81;

Et rue des Juifs, n.° 33, à STRASBOURG.

1830.

EXTRAIT
DU RÉGLEMENT
SUR
LE SERVICE INTÉRIEUR, LA POLICE ET LA DISCIPLINE
DES
TROUPES D'ARTILLERIE.

ADJUDANS.

Fonctions.

166. Les adjudans ont l'autorité et l'inspection immédiate sur tous les sous-officiers et brigadiers pour tout ce qui a rapport au service et à la discipline.

Ils surveillent la tenue, le caractère, la conduite privée et les progrès des sous-officiers.

Ils sont aux ordres des adjudans-majors pour les seconder; ils leur doivent des rapports sur tout ce qui est relatif au service et au bon ordre, et ne leur laisser ignorer rien de tout ce qui y serait contraire.

Police des garnisons.

167. Ils doivent prendre, autant que possible, connaissance des auberges et autres lieux publics fréquentés habituellement par les canonniers, afin de pouvoir y diriger la patrouille, et y faire la recherche de ceux qui manqueraient aux appels et qu'on aurait vus dans un état d'ivresse.

Étrangers au quartier.

168. Les adjudans sont spécialement tenus de connaître tous les étrangers qui entrent au quartier, d'y faire respecter ceux qui y auraient affaire, et d'empêcher qu'il y pénètre des gens sans aveu ni des femmes de mauvaise vie.

Répartition du service entre les adjudans.

169. Le plus ancien adjudant porte l'étendard du régiment. Il est particulièrement chargé du petit état-major; il en fait et signe les feuilles de prêt, les bons de subsistance et autres. Il doit surveiller la discipline, la tenue, les exercices et le service général des trompettes;

il en passe l'inspection toutes les fois que le régiment se réunit. Ces fonctions particulières ne le dispensent pas de concourir au service général ci-après détaillé.

Dans les revues d'inspection, lorsque le premier adjudant porte l'étendard, l'appel du petit état-major est fait par l'adjudant qui le suit immédiatement par rang d'ancienneté.

Les adjudans alternent pour le service de semaine. Sur le pied de paix, deux concourent à ce service : l'un est chargé de la police du quartier, l'autre de recevoir et de transmettre les ordres. Sur le pied de guerre, les deux adjudans qui sont employés au dépôt alternent pour le service de semaine, et celui qui reste libre doit aider l'autre en tant que de besoin, et selon ce que décide l'adjudant-major de semaine au rassemblement des différentes classes d'instruction et des corvées de distributions et autres. Il est spécialement chargé de donner connaissance de tous les ordres aux officiers de l'état-major qui ne sont ni de service ni de semaine, excepté au major, envers qui ce devoir est rempli, autant que faire se peut, par l'adjudant de semaine.

Les adjudans attachés aux batteries, en temps de guerre, y remplissent, sous les ordres de l'officier de semaine, les fonctions générales qui leur sont attribuées par l'article 166; ils ont, dans les manœuvres et sur le champ de bataille, le commandement des troisième et quatrième pièces, sur lesquelles ils exercent la surveillance de détails attribuée aux officiers de demi-batterie par les articles 137 et suivans.

SERVICE DE SEMAINE.

A qui les adjudans de semaine sont subordonnés.

170. Les adjudans de semaine sont particulièrement à la disposition de l'adjudant-major de semaine, auquel ils rendent compte de l'exécution des ordres et de tout ce qui se passe au quartier en son absence. Dans les circonstances pressantes et imprévues, ils peuvent faire leur rapport directement à l'officier supérieur de semaine ou au lieutenant-colonel.

POLICE DU QUARTIER.

États, consignes, etc.

171. En prenant le service, l'adjudant de semaine reçoit de celui qu'il relève l'état des sous-officiers et brigadiers qui entrent en service avec lui, les consignes, etc.

Appels. — Pansages. — Réunions du corps.

172. Il doit se trouver aux appels, aux pansages, au départ des détachemens, et aux réunions entières ou partielles du corps.

Exemptions d'appel du soir.

173. Il contre-signe les permissions d'appel du soir, et il en tient note, à l'effet de vérifier le rapport que le maréchal-des-logis de garde fait des hommes rentrés.

Autorité sur les sous-officiers de semaine, les gardes, etc.

174. Les adjudans, et particulièrement celui de semaine, ont autorité sur les sous-officiers de planton, sur les ma-

réchaux-des-logis et brigadiers de semaine, sur la garde de police, le trompette de garde, et les gardes d'écurie.

Sonneries.

175. L'adjudant de semaine est le premier responsable de la ponctualité des sonneries pour le service ordinaire et extraordinaire, lors même qu'il se fait suppléer, à cet égard, par le maréchal-des-logis de garde au quartier.

Les sonneries pour le service journalier sont :

Le réveil............	à 6 heures moins un quart, depuis le 1.er Octobre jusqu'au 1.er Avril; à 5 heures moins un quart, pendant les six autres mois;
Le déjeûner des chevaux,	un quart d'heure après le réveil;
L'appel et le pansage...	une heure après le déjeûner des chevaux;
L'abreuvoir..........	pendant le pansage, au signal qu'en fait donner l'adjudant-major;
La soupe............	après la rentrée des écuries;
La corvée de propreté..	après la soupe mangée;
Le rassemblement de la garde,	à onze heures et demie;

A l'ordre............	après la garde montée;
Le dîner des chevaux...	à midi;
L'appel et le pansage du soir,	à trois heures;
L'abreuvoir..........	après le pansage;
La soupe du soir......	après la rentrée des écuries;
Le souper des chevaux..	à six heures, depuis le 1.er Octobre jusqu'au 1.er Avril; à sept heures et demie, pendant les six autres mois;
Le rassemblement des trompettes,	un quart d'heure avant la retraite;
La retraite............	à l'heure ordonnée;
L'appel..............	une demi-heure après la retraite;
Pour éteindre les feux..	une heure après l'appel;
Les corvées..........	aux heures indiquées par l'adj.-maj. à la parade;
Les distributions, sans distinction,	aux heures indiquées par l'adj.-maj. à la parade;

Et enfin toutes les sonneries pour l'appel des consignés, le rassemblement des sous-officiers, ou pour des circonstances extraordinaires.

Quand le climat ou le service exige des changemens dans les heures des signaux pour le réveil et les gardes, on se conforme à ce qui est prescrit à cet égard par l'ordonnance sur le service des places.

Rapports.

176. Entre huit et neuf heures du matin, l'adjudant de semaine reçoit du sous-officier qui la commande le rapport de la garde de police ; il arrête le registre journal de ce poste.

A neuf heures il se rend au lieu indiqué pour le rapport général.

Appel du soir.

177. Les maréchaux-des-logis chefs lui remettent les billets de l'appel du soir.

Devoirs après la retraite.

178. Une heure après l'appel, il fait la visite des corridors et des écuries. Il s'assure que le commandant de la garde de police exécute l'article de sa consigne sur les lumières à éteindre.

Il répond de la tranquillité du quartier, particulièrement pendant la nuit.

Quand l'adjudant-major vient faire des contre-appels, il l'accompagne. Les contre-appels sont ou généraux ou particuliers à telle batterie ou telle pièce.

L'adjudant en fait lui-même, quand il a lieu de présumer qu'il y a eu de faux rapports d'appel, ou que quelques hommes sont sortis du quartier après la retraite, qu'il s'y trouve des personnes qui ne doivent pas y être, ou enfin lorsqu'il en a quelque autre motif. Il en rend compte le lendemain à l'adjudant-major de semaine, dont il prend toutefois préalablement, et autant que possible, les ordres à cet égard.

Propreté du quartier.

179. Il oblige, chaque jour, les brigadiers de semaine et le maréchal-des-logis de garde à faire exécuter ce qui concerne la propreté du quartier.

Il veille à l'exécution des ordres que donne l'officier chargé des détails du casernement.

Détenus.

180. Il surveille la nourriture des hommes détenus à la salle de police, à la prison ou au cachot, pour que les punitions soient régulièrement observées, et que, d'un autre côté, elles ne

soient pas aggravées par la privation d'une partie des alimens qui sont accordés.

Il s'assure que les prisonniers soient rasés au moins une fois par semaine.

Il fait informer les maréchaux-des-logis chefs de leur sortie pour cause de santé ou par ordre spécial du colonel.

Surveillance sur les sous-officiers de semaine et les hommes consignés.

181. Il fait sonner à l'ordre, pour s'assurer de la présence des sous-officiers et brigadiers de semaine. Il fait de fréquens appels des consignés ; il en met la liste au corps-de-garde.

Visite des officiers supérieurs au quartier.

182. Quand le colonel ou le lieutenant-colonel est au quartier, il doit l'accompagner partout en l'absence de l'adjudant-major de semaine. Il en est de même à l'égard des autres officiers supérieurs, lorsqu'ils croient avoir besoin de lui.

RÉCEPTION ET TRANSMISSION DES ORDRES.

Contrôles pour le service, etc.

183. L'adjudant de semaine pour ce service reçoit de celui qu'il relève : 1.° l'état des sous-officiers et brigadiers qui entrent en semaine ; 2.° le contrôle des sous-officiers et brigadiers pour commander les différens tours de service dans l'ordre indiqué par l'article 66 ; 3.° les livres d'ordres.

Service de la place. — Livres d'ordres.

184. C'est lui qui est chargé de régler le service avec l'état-major de la place, et qui va y écrire l'ordre. Si quelque disposition est de nature à être exécutée sans aucun retard, il fait sonner à l'ordre pour cet effet, à son retour au quartier, et s'empresse d'en informer le chef d'escadron et l'adjudant-major de semaine, ainsi que le capitaine de semaine, si l'objet le concerne.

Il tient deux livres d'ordres : l'un pour

enregistrer les ordres qui émanent de la place et des généraux commandans, l'autre pour ceux du régiment.

Rapports.

185. A neuf heures, il se rend au lieu indiqué pour le rapport général. Il réunit les rapports particuliers des batteries et en forme le rapport général, au bas duquel il met sa signature ; après quoi il accompagne l'officier supérieur de semaine chez le lieutenant-colonel.

Il remet au major un double de cette feuille de rapport à la parade si elle est générale, ou il la lui porte après l'heure de la garde, et lui donne en même temps connaissance des décisions prises sur le rapport, etc.

Garde montante et parade.

186. Il rassemble la garde, désigne les postes, et place à la gauche les ordonnances et plantons.

Il rassemble ensuite les sous-officiers, les forme sur deux rangs et par batterie.

Quand c'est lui qui conduit la garde

sur la place d'armes, le plus ancien des maréchaux-des-logis chefs marche à la tête des sous-officiers.

L'adjudant de semaine va, à défaut de l'adjudant-major, recevoir l'ordre au cercle général.

Il se conforme, pour tout le reste, aux dispositions de l'article 69.

Ordre du jour.

187. Avant l'appel de trois heures, il dicte l'ordre aux fourriers; il signe leur livre tous les jours où il n'y a rien de nouveau.

Appel du soir.

188. Les maréchaux-des-logis chefs lui remettent les billets de rapports d'appel du soir; il en fait un relevé général qu'il porte chez le colonel après que l'adjudant-major l'a signé; il en fait un double pour le lieutenant-colonel, et un sommaire pour le commandant de la place.

MARÉCHAL-DES-LOGIS CHEF.

Devoirs généraux.

189. Le maréchal-des-logis chef surveille, dans sa batterie, les maréchaux-des-logis, les fourriers, et il les commande pour tout ce qui est relatif au service, à la police, à la tenue, à la discipline, à l'instruction, et au compte du prêt. Il est responsable de l'exécution de ces différens détails envers tous les officiers de la batterie; il l'est en outre envers le capitaine commandant seulement, des fonds et des détails d'administration, sans pouvoir toutefois gêner en rien les droits des officiers de demi-batterie à cet égard. Le fourrier est à sa disposition pour toutes les écritures.

Un de ses soins les plus essentiels est de s'appliquer à bien connaître la conduite, les mœurs et la capacité de tous les sous-officiers, brigadiers, artificiers et canonniers de la batterie, pour être à portée d'éclairer l'opinion de son capitaine sur chacun d'eux, et de n'agir lui-même envers eux qu'avec les ménagemens ou la sévérité que comportent leur caractère et leurs habitudes.

Vérification des effets à son entrée en fonctions.

190. Il doit, en entrant en fonctions, vérifier si les effets de toute nature existant dans la batterie cadrent avec les registres et les livrets; il en est responsable dès l'instant où cette vérification a eu lieu.

Prêt.

191. Tous les cinq jours il touche le prêt, sur une feuille signée de lui et du capitaine commandant; il l'inscrit sur le registre à ce destiné; il le distribue sans retard aux sous-officiers, ainsi qu'aux brigadiers qui lui présentent les cahiers d'ordinaires, sur lesquels il le porte avec tous les autres produits, tels que retenues sur les travailleurs, sur les prisonniers, gratifications, etc. S'il a des retenues à faire aux ordinaires, il les inscrit également.

Registres de la batterie.

192. Il doit régulièrement faire sur le livre des contrôles et comptes courans de la batterie, ou faire faire par le fourrier, toutes les inscriptions relatives aux divers tableaux que renferme ce registre; il tient avec la même régularité la matricule des hommes, de l'habillement et de l'armement, en y faisant, au fur et à mesure des circonstances qui les motivent, toutes les inscriptions qui doivent y être portées.

Il est aussi chargé de la tenue du livre des punitions, et enfin de celle d'un cahier particulier pour les lettres chargées et fonds déposés entre ses mains par le vaguemestre.

Feuilles d'appel, de journées, de linge et chaussure, etc.

193. Tous les mois il fait la feuille d'appel d'effectif des hommes, et dans les batteries montées, celle des chevaux.

Tous les trois mois, il établit la feuille de journées des hommes, et celle des chevaux dans les batteries montées; il renouvelle les états d'habillement, de linge et chaussure, de petit équipement, et établit les relevés généraux des bons délivrés aux maîtres-ouvriers.

Effets à recevoir ou à réparer.

194. C'est à lui de faire et d'enregistrer tous les bons des objets à recevoir ou à réparer, et de les présenter à la signature du capitaine, après toutefois que les officiers de demi-batterie ont visé ceux qui les concernent.

Il fait connaître par le brigadier de chambrée, chez l'officier d'habillement, les hommes qui ont des objets à réparer, et chez les maîtres-ouvriers, ceux dont les effets n'exigent que des réparations d'abonnement.

Effets délivrés aux canonniers.

195. Il inscrit régulièrement sur le registre de la batterie, et en même temps sur les livrets des canonniers, en leur présence, les effets qui leur sont délivrés, tant sur leur masse de linge et chaussure qu'au compte du régiment.

Il ne garde jamais les livrets par-devers lui. Tous les trois mois ils sont vérifiés et arrêtés par le capitaine commandant, en présence du canonnier.

Effets des recrues.

196. A mesure que les recrues reçoivent des effets militaires, il leur retire les habillemens bourgeois correspondans, à l'exception d'un gilet, qu'ils peuvent porter dans la tenue d'écurie; après quoi il les oblige à s'en défaire, en présence d'un sous-officier.

Effets des hommes aux hôpitaux, en congé, ou rayés des contrôles.

197. Les effets des hommes partant pour les hôpitaux, soit du lieu, soit externes, ou par un congé au-delà d'un mois, doivent, de suite et par ses soins, être portés au magasin d'habillement. Chaque paquet a une étiquette indiquant la batterie et le nom de l'homme. Le maréchal-des-logis chef reçoit, signé de l'officier d'habillement, le double de l'état détaillé des effets qu'il dépose.

Il inscrit sur le billet d'hôpital, congé ou permission dont est porteur tout homme qui s'absente, le nombre, l'espèce et la qualité des effets militaires qu'il emporte ou qu'il laisse.

Immédiatement après la connaissance de l'événement, il remet à son capitaine, pour être arrêté, le livret de l'homme rayé des contrôles. Il rend définitivement au magasin général, et ce dans les quarante-huit heures, les effets des réformés, des condamnés, des déserteurs ou des morts, et présente le livret à l'appui.

États, listes et placards à afficher.

198. Il fait dresser par le fourrier une liste qui doit être fixée à la porte de chaque chambrée, indiquant le nom du capitaine, le numéro de la batterie, le nom de l'officier de demi-batterie, celui du maréchal-des-logis de la pièce, et ceux des brigadiers et canonniers de la chambrée. Sur la porte de la chambre qu'il occupe lui-même, il affiche le nom de tous les officiers de la batterie, avec

l'indication de leurs logemens, et plus bas son nom et celui du fourrier. Ceux des maréchaux-des-logis sont aussi apposés sur la porte de leurs chambres.

Il fait également afficher en dedans des chambres les devoirs des brigadiers de chambrée, ainsi que l'état des objets de casernement, qui doit être signé du fourrier et du brigadier.

C'est encore à lui à faire placer en gros caractères le nom de chaque cheval et son numéro au contrôle annuel, sur une petite planche fixée au mur, au-dessus du râtelier, et sur une même ligne.

Malades à la chambre.

199. Si les brigadiers le préviennent qu'il y a quelque malade à la chambre, il fait remettre aussitôt après l'appel du matin, au corps-de-garde de police, pour le chirurgien-major, un billet indiquant la chambre et le nom du malade. Il le fait avertir incontinent si le cas l'exige.

Demandes au rapport, etc.

200. C'est à lui que s'adressent les

maréchaux-des-logis, les fourriers, brigadiers et canonniers, pour obtenir tout ce qu'ils ont à demander par la voie du rapport du matin; dans les autres cas, ils s'adressent à leurs officiers de demi-batterie.

Rapport.

201. A huit heures du matin, le maréchal-des-logis chef se rend chez le capitaine, et lui présente sa feuille de rapport que le fourrier a déjà communiquée au trésorier; le capitaine y ajoute ses observations et la signe. Le maréchal-des-logis chef présente en même temps à sa vérification et à sa signature le relevé des mutations qui doit être porté, dans la matinée, au major, conformément aux articles 31 et 113.

A neuf heures, il se rend au rapport général.

Comptes qu'il doit au major, à divers officiers et aux adjudans.

202. Il est tenu de donner verbalement ou par écrit tous les renseignemens qui lui sont demandés par le ma-

jor, le trésorier, les officiers de détails et les adjudans.

Il rend à l'officier de semaine un compte verbal de tout ce qui se passe dans la batterie, concernant le service, la police et la discipline; et de même aux officiers de demi-batterie, en ce qui concerne les parties d'administration auxquelles ils sont tenus de prendre part.

Appels.

203. Il fait lui-même les appels qui précèdent les pansages, et ne fait rompre les rangs qu'après que le trompette en a donné le signal. Il doit à l'adjudant un compte verbal de ces appels.

Il passe dans les chambres pour faire faire devant lui celui du soir; il en rend compte au lieutenant de semaine, et en remet un billet signé à chacun des adjudans de semaine.

C'est après l'appel du matin que, dans les batteries à cheval et montées, il désigne les chevaux que doivent monter les hommes des différentes classes d'instruction.

Quand l'officier de semaine ne se trouve pas à un appel, ses fonctions, dans chaque batterie, y sont remplies par le maréchal-des-logis chef.

Lorsque, la batterie étant réunie, le capitaine vient en prendre le commandement, le maréchal-des-logis chef lui rend compte à son arrivée du nombre d'hommes dans les rangs, et des motifs pour lesquels quelques-uns auraient été exemptés.

Garde montante et ordre.

204. Il assiste à la parade ou garde montante, et va rendre au capitaine commandant l'ordre qu'il a reçu de l'adjudant au cercle du régiment; le maréchal-des-logis de semaine ou le fourrier le porte aux autres officiers.

Il lit l'ordre du jour à l'appel de trois heures, et y commande le service sur le contrôle par ancienneté, savoir : dans les batteries à cheval, de manière que les canonniers servans et les canonniers conducteurs contribuent à celui de l'écurie proportionnellement au nombre de chevaux qu'ils ont à soigner, et au service armé au prorata des hommes restant, après déduction de la fraction employée à fournir la garde d'écurie. Dans les batteries montées, les canonniers conducteurs concourent au service armé en proportion du nombre d'hommes restant après défalcation de la partie qui fournit le service d'écurie.

Prix des remplacemens pour le service.

205. Il veille à ce qu'il ne soit jamais payé au-delà des prix ci-après pour remplacement de service, savoir :

Pour une garde	75 c.
Pour une ordonnance qui découche	75
Pour une ordonnance qui rentre le soir	50
Pour toute corvée ordinaire	25
Pour une soupe	25

Pansages. — Classes d'instruction.

206. Il est dispensé d'assister aux pansages, mais non pas aux classes d'instruction et de théorie auxquelles il est appelé par le lieutenant-colonel, en raison du besoin qu'il aurait d'instruction.

Cas d'empêchement ou d'absence.

207. Lorsque le travail de la comptabilité, ou des motifs urgens et personnels, l'empêchent de faire les appels, il est remplacé par le maréchal-des-logis de semaine, auquel il remet à cet effet les contrôles et les renseignemens nécessaires pour commander le service. Il en rend compte préalablement à l'officier de semaine.

En cas d'absence, il est remplacé par le plus ancien maréchal-des-logis de la batterie, ou par un autre au choix du capitaine commandant, sous l'approbation du colonel.

MARÉCHAUX-DES-LOGIS.

Fonctions générales.

208. Les maréchaux-des-logis surveillent les brigadiers, artificiers et canonniers en tout ce qui est relatif aux devoirs que les uns et les autres ont à remplir; ils sont responsables envers le

maréchal-des-logis chef et les officiers de demi-batterie.

Répartition du service.

209. Leurs fonctions se divisent en celles de chefs de pièce et celles de maréchaux-des-logis de semaine. Ils alternent par batterie pour le service de semaine, et roulent entre eux dans le régiment pour celui des gardes, détachemens, plantons et corvées, sauf ceux qu'un ordre spécial exempterait pour cause d'occupations utiles et particulières.

Pansages.

210. Les maréchaux-des-logis des batteries montées doivent se trouver aux pansages lorsqu'ils ne sont pas appelés à un autre service pendant que les hommes qui soignent les chevaux sont aux écuries.

Inspections.

211. L'inspection des maréchaux-des-logis pour le service armé doit toujours avoir lieu dans les chambrées, et assez

tôt pour donner aux canonniers le temps de faire les préparatifs et les changemens nécessaires avant celle des officiers de semaine.

Quand il s'agit de classes d'instruction et de corvées, leur inspection a lieu sur le terrain au moment du rassemblement.

MARÉCHAL-DES-LOGIS CHEF DE PIÈCE.

Fonctions.

212. Le maréchal-des-logis chef de pièce dirige, sous l'autorité de l'officier qui commande la demi-batterie, tous les détails intérieurs des chambrées; il surveille la conservation et la tenue des effets.

Appuie l'autorité des brigadiers.

213. Il appuie les brigadiers de son autorité, et les habitue à commander avec fermeté et à se faire obéir.

Contrôles.

214. Il tient un contrôle des hommes de la pièce et des effets d'habillement,

armement, équipement et harnachement y existant.

Affiches, étiquettes et effets dans les chambrées.

215. La conservation et le remplacement des affiches et étiquettes dans l'intérieur des chambres sont confiés à sa surveillance, ainsi que le maintien de l'ordre établi pour l'arrangement des effets.

Emploi du prêt.

216. Il veille attentivement à l'emploi que les brigadiers font du prêt, et vérifie souvent chez les marchands les prix et qualités des achats de toute espèce.

Armes et buffleterie.

217. Il veille avec une attention particulière à la propreté des armes et de la buffleterie.

Soins de propreté le samedi.

218. Le samedi, il fait battre avec un martinet toutes les pièces d'habillement et d'équipement; il les fait étaler sur les

lits pour l'inspection que l'officier de demi-batterie doit en passer.

Linge changé et réparé. — Coupe des cheveux, etc.

219. Il exige que le dimanche les brigadiers et les canonniers changent de linge et fassent réparer celui qui a besoin de l'être, que leurs cheveux soient retaillés tous les deux mois en été, et tous les trois mois en hiver; que ceux des recrues soient coupés uniformément; que les brigadiers et les canonniers soient rasés aussi souvent qu'il est nécessaire, et que les détenus et les hommes aux hôpitaux le soient au moins une fois par semaine par le frater de la batterie.

Rassemblement de la batterie.

220. Toutes les fois que la batterie doit s'assembler, il se rend de bonne heure dans les chambrées de sa pièce, veille à ce qu'elle s'apprête, et la réunit ensuite à l'heure prescrite; il porte surtout son attention et appelle celle des

brigadiers sur les détails de tenue qui ne sont point apparens, tels que le linge de corps, la chaussure, les cols, etc.

Comptes à rendre. — Réparations.

221. C'est au quartier et verbalement qu'il fait ses rapports à l'officier de demi-batterie et au maréchal-des-logis chef.

Il doit informer cet officier des mutations journalières, des pertes et dégradations d'effets, et des réparations à faire. Ce n'est que d'après ses ordres qu'il demande les bons nécessaires au maréchal-des-logis chef.

Cas d'absence.

222. Lorsqu'un maréchal-des-logis est absent, l'inspection de sa pièce est confiée à un autre maréchal-des-logis de la même demi-batterie ; le chef de la première pièce de chaque demi-batterie remplace celui de la seconde, et celui-ci supplée chacun des autres.

Le capitaine peut, s'il le juge convenable, faire remplir les fonctions du maréchal-des-logis absent par le brigadier de la pièce.

SERVICE DE SEMAINE.

Les maréchaux-des-logis roulent entre eux pour ce service.

223. Quand la batterie est réunie, tous les maréchaux-des-logis roulent entre eux pour le service de semaine.

Lorsque la batterie occupe deux quartiers ou cantonnemens, ils alternent par demi-batterie, pour qu'il n'y en ait qu'un de semaine dans chaque demi-batterie.

Le maréchal-des-logis de semaine aux ordres de l'officier de semaine.

224. Le maréchal-des-logis de semaine est particulièrement aux ordres de l'officier de semaine, et concourt, sous l'autorité de ce dernier, à l'exécution des détails de police et de discipline; il lui fait des rapports verbaux, ainsi qu'au maréchal-des-logis chef, qu'il aide et supplée dans le service journalier.

Appels.

225. Il assiste à tous les appels; il les

fait lorsque le maréchal-des-logis chef ne s'y trouve pas.

Il veille à la tenue des hommes de la batterie : ceux des batteries montées qui ont des chevaux à panser sont en sabots ou vieux souliers, tenant au bras gauche leur musette garnie des ustensiles d'écurie, et sous le même bras un bouchon de paille. Dans ces mêmes batteries il s'assure que les brigadiers aient remis les bridons des chevaux de corvée, ou dont le pansage est payé, aux hommes qui en sont chargés.

Aussitôt après la rupture des rangs, il fait distribuer l'avoine aux canonniers, et observe qu'elle soit répartie également à chaque ordinaire de chevaux.

Devoirs aux écuries au réveil.

226. Dans les batteries montées, il se rend aux écuries à la sonnerie du réveil, pour s'assurer que les brigadiers et canonniers qui doivent distribuer le fourrage et donner à manger aux chevaux soient tous présens et s'en acquittent avec exactitude; il visite les licous, re-

çoit des gardes d'écurie le rapport des événemens de la nuit, et fait le sien à chaque appel.

Écuries nettoyées.

227. Il veille à ce que le brigadier de semaine fasse nettoyer l'écurie, ainsi que cela lui est prescrit.

Quand un ordinaire de chevaux n'est pas balayé, il le fait faire par un canonnier quelconque; le canonnier en défaut monte une garde d'écurie au tour de celui-ci.

Chevaux sortis pour le pansage.

228. Il fait sortir tous les chevaux des écuries pour le pansage, lorsque l'ordre en est donné, et toujours au bridon.

Recrues à exercer au pansage.

229. S'il y a des hommes de recrues peu exercés au pansage, il charge un brigadier de le leur enseigner.

Licous et billots.

230. Il passe dans les écuries pour observer si tous les licous sont attachés

au râtelier par la boucle du montant ou la sous-gorge. S'il y a des billots de perdus, il les fait remplacer au compte des gardes d'écurie.

Chevaux conduits à l'abreuvoir.

231. A la sonnerie pour faire boire, il désigne, d'après l'ordre établi, le nombre de chevaux qui doivent être en même temps conduits aux auges; il les y fait placer en rang et commande ensuite *en avant*. Lorsque ces premiers chevaux ont bu, il fait le commandement *par file à droite* ou *à gauche*, et, aussitôt qu'ils sont partis, il commande de nouveau *en avant*, pour faire approcher des auges l'autre détachement qui est venu se ranger devant elles, et ainsi de suite.

Il a soin d'empêcher de trotter ou de galoper, soit en venant aux auges, soit en les quittant, et veille à ce que les chevaux s'y placent et se retirent avec ordre, afin d'éviter les accidens.

Lorsqu'on conduit les chevaux à l'abreuvoir, il marche à la tête de ceux de la batterie ; il les fait placer en rang sur le bord de la rivière ; les fait ensuite entrer, sortir et remplacer, quand il en reçoit l'ordre de l'officier de semaine, par les mêmes commandemens que ci-dessus. Quand les chevaux de la batterie sont réunis, après avoir bu, il les ramène au quartier.

Distribution de l'avoine.

232. Il assiste à la distribution de l'avoine, prévient toute contestation ou préférence, et la fait donner en même temps à tous les chevaux de chaque écurie. Il exige qu'un homme par ordinaire de chevaux reste entre les chevaux pendant qu'ils la mangent, et ce n'est que quand elle est consommée, qu'il permet de donner la paille.

Il ne doit quitter les écuries qu'après les avoir fait balayer en dedans et en dehors.

Surveillance des gardes d'écurie.

233. Dans l'intervalle des pansages, il surveille les gardes d'écurie, leur fait

répéter les consignes, les empêche de s'absenter, et leur fait tenir l'écurie propre. Il leur fait ménager la paille avec le plus grand soin : elle ne doit être enlevée que lorsqu'elle est confondue avec le crottin et entièrement pourrie; et pour consommer encore moins de litière, il la fait, quand cela se peut, exposer au soleil pour la faire sécher; on en prend ensuite pour remplacer les bouchons de paille qui ne peuvent plus servir.

Repas des chevaux.

234. Il doit se trouver à tous les repas des chevaux, pour s'assurer de l'exactitude du brigadier de semaine dans les distributions de fourrages; il exige que le foin soit bien secoué pour en faire tomber la poussière, et que la ration soit placée au milieu de chaque ordinaire.

Rassemblement des classes d'instruction et corvées.

235. Il fait assembler par le brigadier de semaine les hommes commandés pour

les différentes classes d'instruction; et, dans les batteries montées, en leur faisant disposer les chevaux désignés par le maréchal-des-logis chef, il leur montre à seller et à harnacher selon les principes de l'ordonnance; ensuite, il passe l'inspection de l'équipement des hommes et des chevaux; le brigadier conduit les hommes de la dernière classe au rendez-vous général; le maréchal-des-logis conduit les autres.

Il aide également à la réunion des hommes de corvée.

Inspection des hommes de service.

236. Aux heures fixées, il présente à l'inspection de l'adjudant-major, ou, quand il y a lieu (159), à celle de l'officier de semaine, les hommes de service, de détachement, etc., mais auparavant il doit passer dans les chambres, pour s'assurer qu'ils se mettent dans la tenue prescrite, et qu'ils soient prêts à l'heure ordonnée; il se fait aider par le brigadier de chambrée, auquel il indique ce que doivent faire les canonniers.

L'inspection pour les chevaux s'étend sur le harnachement, la ferrure et le paquetage.

Garde montante et parade.

237. Il se trouve à la garde montante ou parade, et doit faire part aux officiers de sa batterie de tous les ordres verbaux qui y sont donnés, ainsi que de ceux qui le sont pendant les vingt-quatre heures.

Surveillance journalière pour la propreté du quartier.

238. Il veille à ce que les brigadiers ne négligent pas de faire balayer les corridors et les escaliers, et il ne souffre pas qu'on fasse ou qu'on jette des ordures sous les fenêtres ni dans les lieux de passage.

Travaux de propreté le samedi.

239. Le samedi, il dirige les travaux de propreté qui ont pour objet le balayage des corridors et des escaliers, le nettoyage des couvertures, etc.

Pansage du soir.

240. Au pansage du soir, il remplit les mêmes devoirs qu'à celui du matin.

Souper des chevaux.

241. Au souper des chevaux, il a soin de faire balayer avant qu'on étende la litière; il ne se retire qu'après avoir vu qu'elle est faite partout, et que les chevaux ont leur fourrage.

Descente de cheval.

242. Chaque fois qu'on descend de cheval, il empêche qu'on desselle avant le moment prescrit; ensuite, lorsque cela est nécessaire, il fait mettre à l'air les selles et les colliers; il a soin de faire battre et nettoyer les panneaux des unes et le corps des autres, avant qu'ils soient remis en place; pendant que ces parties du harnachement sèchent, il veille à ce qu'on bouchonne les chevaux.

Il a la même attention pour les chevaux rentrant de détachement.

Remise des fourrages, des consignes, et ustensiles d'écurie.

243. Le dimanche, après la garde montée, il est présent à la remise que fait le dernier brigadier de semaine à celui qui lui succède, des fourrages existant au magasin de la batterie, ainsi que des consignes et ustensiles d'écurie. Il en rend compte à l'officier de semaine.

Cas où il serait forcé de s'absenter.

244. Il ne doit jamais se dispenser d'aucun de ses devoirs, sans en avoir obtenu la permission de l'officier de semaine, ce dont il doit informer le brigadier et l'adjudant de semaine; il est également obligé de prévenir ces deux derniers, lorsque, dans le cours de la semaine, il est forcé de s'absenter du quartier, mais il ne peut s'en éloigner dans aucun cas après l'appel du soir.

SERVICE DE PLANTON ET D'ORDONNANCE.

Devoirs d'un planton ou d'une ordonnance.

245. Le maréchal-des-logis de planton ou d'ordonnance doit être dans une

tenue régulière, ne pas quitter son poste qu'il n'en ait la permission expresse; il doit porter promptement les dépêches dont il est chargé, revenir aussitôt rendre compte de sa mission, et remettre les reçus.

Il se tient debout dès que la personne près de laquelle il est de service, ou tout autre officier, paraît devant lui.

Planton à l'hôpital.

246. Le maréchal-des-logis de planton aux hôpitaux militaires doit assurer la police intérieure des salles des malades, examiner si la viande est de bonne qualité, s'il en est employé le poids prescrit en raison du nombre des malades; il doit rendre compte de ses observations à l'officier de visite d'hôpital, au chirurgien-major du régiment, et à l'intendant ou sous-intendant militaire, lorsqu'ils paraissent; il les accompagne pendant leur tournée.

Il doit suivre encore dans sa visite tout officier général, supérieur ou autre, et être en état de répondre à toutes les questions qui peuvent lui être faites sur la police et le régime de l'hospice.

FOURRIER.

Fonctions générales.

247. Le fourrier est aux ordres immédiats du maréchal-des-logis chef, tient sous sa direction tous les registres, et lui fournit toutes les écritures et tous les états relatifs au détail de la batterie.

Il peut remplacer le maréchal-des-logis chef pour les réceptions et distributions d'effets d'habillement, de harnachement et d'armement.

Corvées et distributions.

248. Il prévient le brigadier de semaine pour les corvées générales, et les chefs d'ordinaire pour les corvées de subsistances, en leur indiquant le nombre d'hommes à fournir. Il aide à leur rassemblement.

Il reçoit les distributions, et est responsable de toute erreur ou mécompte.

Il délivre le pain et autres objets à recevoir aux hommes de corvée, le fourrage et l'avoine au brigadier de semaine ; celui-ci peut se faire compter les rations.

Après la distribution, il ramène au quartier les hommes chargés de l'avoine, et la fait déposer dans le coffre dont le brigadier de semaine garde la clef.

Il distribue ensuite à chaque chef d'ordinaire ce qui lui revient de pain et autres objets.

Livre d'ordres.

249. Il tient le livre d'ordres et le communique, dès qu'il y en a de nouveaux, aux officiers de la batterie, dont la signature justifie qu'il le leur a présenté ; il leur transmet également, à défaut du maréchal-des-logis de semaine, les ordres donnés à la parade, ou extraordinairement dans la journée.

Rapports journaliers.

250. Muni du billet de rapport journalier contenant le compte explicatif du mouvement des vingt-quatre heures, il

se rend tous les matins, à sept heures et demie, chez le trésorier, qui, après en avoir vérifié l'exactitude, prend note des mutations. Il rapporte aussitôt au maréchal-des-logis chef ce billet de rapport ainsi vérifié; il lui remet en même temps le relevé des mutations, pour être présenté à la signature du capitaine commandant, et le porte ensuite, dans la matinée, au major.

Pansages. — Appels. — Instruction.

251. Il est exempt de se trouver au pansage; mais il est obligé de se trouver aux appels, et de suivre toutes les classes d'instruction auxquelles le capitaine commandant juge à propos de l'assujettir.

Casernement.

252. Les détails du casernement sont particulièrement des attributions de son grade.

Il tient, de toutes les fournitures de lit et autres de la batterie, un cahier particulier, où les qualités sont distinguées, afin de faire remplacer et réparer, au compte de qui de droit, et dans le plus bref délai, toutes pertes ou dégradations; le capitaine commandant et l'officier chargé du casernement arrêtent ce cahier le premier de chaque mois.

Cas d'absence.

253. En l'absence du fourrier, le maréchal-des-logis chef se fait aider, pour les écritures, par un brigadier en état de les tenir, ou, à défaut, par un artificier ou canonnier, que le capitaine commandant exempte de service et de corvées; le maréchal-des-logis chef doit alors tenir par lui-même tous les registres et fournir tous les états nécessaires aux détails de la batterie.

Quand le fourrier est suppléé pour les écritures par un artificier ou canonnier, il l'est pour les distributions par le maréchal-des-logis que le capitaine commandant propose à cet effet au major.

Fonctions des deux fourriers dans les batteries sur le pied de guerre.

254. Lorsque les batteries à cheval et

montées sont organisées sur le pied de guerre, le plus ancien des deux fourriers est chargé des distributions, et remplit, sous les ordres du capitaine en second, les fonctions de garde de la batterie; le moins ancien, sous la surveillance du maréchal-des-logis chef, tient les registres, et fait toutes les écritures relatives aux détails d'administration et de comptabilité; lorsqu'il y a lieu, il doit aider et même suppléer le premier fourrier dans le service des distributions.

BRIGADIERS.

Devoirs généraux.

255. Les brigadiers doivent donner l'exemple de la bonne conduite, et de l'exactitude la plus scrupuleuse à remplir leurs devoirs.

Ils surveillent les canonniers indistinctement en tout ce qui tient à la tranquillité et à l'honnêteté publiques. Ils répondent plus particulièrement de leur pièce et de l'observation de ce qui est relatif au service, à la tenue, à la police et à la discipline.

Ils forment les recrues de leur pièce aux détails du service intérieur de la chambrée; ils les accoutument à tenir dans la plus exacte propreté toutes les parties de leur habillement, équipement et harnachement; à connaître et à démonter toutes les parties du mousqueton ou du pistolet, selon les batteries auxquelles ils appartiennent. Dans les batteries à cheval et montées, ils enseignent, en outre, aux recrues dont le service rend cette instruction nécessaire, à panser les chevaux, à trousser la queue, à faire les crins, à paqueter, à seller, à harnacher.

Ils leur apprennent qu'on doit, en toute circonstance, donner des marques de déférence et de respect à ses supérieurs, les prévenir par le salut d'usage; porter, en passant auprès d'eux, en les abordant, ou en leur parlant, la main au schakos, ou se découvrir, si l'on est en bonnet de police; se lever, si l'on est assis, lorsqu'ils passent; enfin qu'au théâtre ou en tout autre lieu public on doit, si l'on n'y est pas de service, se découvrir comme tous les autres spectateurs, quelque coiffure qu'on ait.

Alternent pour le service.

256. Ils alternent dans chaque batterie, pour le service de semaine, excepté celui qui remplirait les fonctions de maréchal-des-logis, ce qui ne le dispenserait pas de ses devoirs comme chef de chambrée et d'ordinaire. Ils roulent sur tout le régiment pour les gardes, détachemens, etc.

Pansage de leurs chevaux. — Garde d'écurie.

257. Ils pansent chaque jour leur cheval, excepté quand ils sont de service ou de semaine, auquel cas il est pansé par corvée; ils n'en pansent jamais par corvée et ne montent point de garde d'écurie.

Leurs corvées.

258. Ils sont, dans tous les cas, exempts de toute corvée, même de celle

de la soupe; ils font seulement celle du fourrage pour leur cheval, quand ils ne sont pas de semaine.

Cas où il y a deux brigadiers dans une chambrée.

259. Lorsqu'il y a deux brigadiers dans la même chambrée, le plus ancien est chargé de la police; il est en même temps chef de l'ordinaire, sauf le cas prévu par l'article 101. Le moins ancien doit cependant concourir au maintien de la police, en empêchant tout ce qui y serait contraire.

BRIGADIER DE CHAMBRÉE.

Logement.

260. Le brigadier loge avec les hommes de sa pièce.

Effets de casernement.

261. Tout brigadier, en prenant une chambrée, doit reconnaître, avec le fourrier, le nombre, l'espèce et la qualité des objets de casernement qu'elle contient, afin d'en établir l'état détaillé,

et de n'être responsable qu'autant qu'il doit l'être.

Devoirs généraux. — Cas d'absence.

262. Il se conforme à tout ce qui est prescrit par l'article 255, et réprime tout ce qui se dit ou se fait contre le bon ordre. En son absence, et à défaut de brigadier, son autorité et sa responsabilité passent à l'artificier.

Malades à la chambre.

263. S'il y a quelque malade à la chambre, il en informe, à l'appel du matin, le maréchal-des-logis chef, qui en fait avertir le chirurgien-major par un billet déposé au corps-de-garde de police : dans un cas grave, il va lui-même chercher le chirurgien-major; et si c'est pendant la nuit, il en prévient le maréchal-des-logis de garde, qui est tenu de l'envoyer appeler par un des hommes de service.

Devoirs au lever.

264. Il veille à ce que le cuisinier se lève assez tôt pour que la soupe puisse

être mangée, le matin comme le soir, à l'heure prescrite.

A la sonnerie du réveil, il fait lever les canonniers de sa chambrée; dans les batteries à cheval et montées, il envoie de suite aux écuries les hommes commandés pour donner le déjeûner des chevaux et aider les gardes d'écurie à les nettoyer. Les autres canonniers, après avoir découvert les lits et plié les capotes, s'il a été permis de s'en servir, se rendent à la sonnerie de l'appel; ceux qui ont des chevaux à panser, munis des bridons nécessaires et de leurs musettes garnies des ustensiles d'écurie.

Avant de sortir, il s'assure que la soupe se prépare, et, à moins que la pluie ne s'y oppose absolument, il fait ouvrir les fenêtres, qui ne doivent être fermées que quand la chambre et les lits ont été bien aérés.

Il rend compte au maréchal-des-logis chef des motifs pour lesquels tels hommes de la chambrée manquent à l'appel, et de l'heure à laquelle sont rentrés ceux qui, par permission ou autrement, n'étaient pas à l'appel du soir.

Retour des écuries, soupe, soins de propreté, hommes de service.

265. En entrant dans les chambrés, il veille à ce que les canonniers, surtout les recrues, se peignent ou se brossent la tête, se lavent le visage et les mains. Ensuite, il fait faire les lits; il fait mettre tous les effets dans l'état de propreté et d'arrangement prescrit, balayer la chambre, même sous les lits, nettoyer les tables, et déposer toutes les ordures dans le corridor, d'où elles doivent être enlevées par les soins du brigadier de semaine; cette corvée est faite par les canonniers à tour de rôle; dans les chambres où l'on fait l'ordinaire, c'est le cuisinier qui en est chargé.

Dès qu'on a mangé la soupe, il fait de nouveau balayer, nettoyer les tables et ustensiles de cuisine, et enlever les ordures.

Le brigadier de chambrée veille à ce que les hommes qui doivent être de service mettent dans le meilleur état possible toutes les parties de leur armement, habillement et équipement, et à ce que ceux qui veulent sortir soient dans une tenue exacte.

Il fait préparer aux heures prescrites les hommes désignés pour les divers services et pour les classes d'instruction.

Police de la chambrée.

266. Il fait cesser tous les jeux qui pourraient occasioner des querelles ou être contraires au bon ordre. Il fait coucher les hommes ivres; et dans le cas où ils troubleraient la chambrée, il les conduit à la salle de police.

Il ne permet pas que l'on fume au lit, que l'on batte les habits dans les chambres, que l'on se serve des draps ou couvertures pour s'essuyer; que, sous aucun prétexte, on retire de la paille des paillasses; que les canonniers nettoient leurs armes sur les lits, ni qu'ils s'y couchent avec leurs bottes ou leurs souliers.

Rapports.

267. Il rend compte au maréchal-des-logis de semaine, au chef de sa pièce,

et au maréchal-des-logis chef, des punitions qu'il a été dans le cas d'infliger. Il doit de plus des rapports détaillés au maréchal-des-logis chef de pièce, lorsque celui-ci fait sa tournée.

En cas d'événement imprévu, comme désertion, duel, vol, etc., il en informe sur-le-champ le maréchal-des-logis de la pièce, ou celui de semaine, ou le maréchal-des-logis chef.

Surveillance sur les effets après le service.

268. Lorsque les canonniers sont rentrés d'un service quelconque, il examine s'ils rapportent tous leurs effets : il les leur fait remettre dans le plus grand état de propreté, et replacer dans l'ordre accoutumé.

Effets et armes des travailleurs, hommes de service et en permission.

269. Il veille à ce que les effets d'armement et d'équipement des travailleurs soient bien entretenus par les hommes qui en sont chargés ; que, dans les batteries montées et à cheval, les hommes

montés, commandés pour un service ou allant en permission, remettent les bridons d'abreuvoir de leurs chevaux à ceux qui doivent les panser.

Effets des déserteurs.

270. Comme il est responsable de ce que laissent les déserteurs, dès qu'il est certain ou même qu'il soupçonne qu'un homme de la chambrée a disparu, il fait porter ses effets chez le maréchal-des-logis chef.

Effets prêtés. — Visite des porte-manteaux et des sacs.

271. Il s'oppose à ce que les canonniers se prêtent leurs effets d'habillement, harnachement et armement, à moins d'une autorisation du maréchal-des-logis chef.

Il peut faire, mais toujours en présence d'un canonnier, la visite d'un ou plusieurs sacs ou porte-manteaux, toutes les fois que quelque motif la lui fait juger nécessaire : par exemple, s'il soupçonnait un homme d'avoir vendu des effets de linge et chaussure ou de petit équipement, ou d'en recéler de perdus ou volés, il prévient le maréchal-des-logis de sa pièce, qui est tenu d'assister à cette visite, autant que faire se peut.

Nettoyage des vitres.

272. Tous les mois il fait nettoyer les vitres en dehors et en dedans.

Appel du soir — Coiffure de nuit.

273. Il fait l'appel du soir à haute voix, en présence du maréchal-des-logis chef, lorsqu'il passe dans les chambres.

Il empêche les canonniers de se servir de leur bonnet de police pour la nuit; ils doivent avoir un serre-tête ou un bonnet de coton.

Cruches remplies. — Lumières éteintes. — Sorties après l'appel.

274. Il voit si le cuisinier a rempli les cruches d'eau pour la nuit; il lui fait éteindre le feu et les lumières à la sonnerie qui en donne le signal.

Il veille à ce que personne ne sorte

après l'appel du soir, et si quelqu'un trompe sa surveillance à cet égard, il en rend compte sur-le-champ au maréchal-des-logis chef.

Visites d'officiers.

275. Quand un officier entre dans une chambre, les canonniers se lèvent, se découvrent s'ils sont en bonnet de police, gardent le silence et l'immobilité; si c'est un officier supérieur, ils se placent au pied de leurs lits. Le brigadier veille à ce que cela s'exécute; il suit l'officier pour recevoir ses observations et ses ordres.

Tenue des chambres.

276. Lorsque les localités le permettent, les chambres sont tenues et arrangées ainsi qu'il suit :

Écriteaux.

Le nom de chaque canonnier est fixé au lit qu'il occupe de la manière la plus apparente; il l'est aussi au-dessus des armes, bottes, brides, etc.

Porte-manteaux.

Le sac ou le porte-manteau de chaque homme est placé sur la première planche au-dessus de son lit ; il est toujours fait et fermé de manière à pouvoir être chargé, et contient tous les effets, sauf ce qui est d'un usage habituel.

Capotes.

Les capotes, pliées suivant la manière établie, sont posées sur la même planche.

Habits.

Les habits et vestes, pliés en deux, la doublure en dehors, sont posés sur la même planche au-dessus du porte-manteau.

Schabraques.

Les schabraques des hommes montés sont placés de la même manière, s'il n'y a qu'une planche, et sur la planche supérieure, s'il y en a deux.

Coiffure.

Les schakos, sur la planche supérieure.

Armes à feu.

Les mousquetons sont placés à un râtelier d'armes, et les pistolets suspendus à des clous attachés à une tringle de bois, le chien abattu et garni de sa pierre de bois.

Gibernes. — Sabres.

Les gibernes sont suspendues par les banderolles à des chevilles établies à cet effet; les sabres, également suspendus par leurs ceinturons.

Brides.

Les brides sont accrochées à l'endroit le plus apparent de la chambre aux tringles disposées à cet effet.

Chaussure.

Les souliers sont accrochés, la semelle en dehors, à des clous placés au-dessus du chevet du lit, dans les supports du rayon supérieur; les bottes sont accrochées au-dessous des brides.

Petits ustensiles.

Les petits ustensiles nécessaires à la

tenue doivent être rangés aussitôt qu'on s'en est servi.

Linge sale.

Le linge sale est renfermé dans le sac ou sous la patte du porte-manteau, et on doit éviter qu'il soit placé entre la paillasse et le matelas.

Linge mouillé.

A moins de nécessité absolue, il ne doit pas être étendu de linge dans les chambres pour le faire sécher.

Livret d'ordinaire.

Le livret d'ordinaire doit être attaché à un clou fixé sur la cheminée.

Ustensiles de cuisine et autres.

Les objets relatifs à l'ordinaire doivent être tenus très-proprement, et placés de manière qu'ils ne puissent gêner. Le pot au blanc doit être couvert et dans un endroit où il ne puisse être renversé.

Chauffage.

Le chauffage est rangé, si c'est de la

houille, dans un coin de la cheminée; si c'est du bois, dans l'emplacement le plus convenable, et sous les lits, lorsqu'il y a impossibilité de le placer ailleurs.

Pain, viande, légumes.

Le pain est placé sur les planches destinées à cet usage, et la viande pendue à un clou en dehors de la fenêtre; mais pendant l'été, le cuisinier a soin de ne pas la laisser exposée au soleil, et il est essentiel que dans chaque ordinaire il y ait un morceau de toile pour la garantir des mouches. Les légumes se placent à l'endroit où ils gênent le moins et où ils ne puissent être foulés.

Selles et harnais.

Les selles et les harnais sont placés dans un local disposé pour les recevoir; et, à défaut d'emplacement spécial, ils sont suspendus dans les corridors et les escaliers de manière à ne pas s'endommager par le froissement et l'humidité; les unes et les autres sont étiquetées au numéro et au nom de l'homme et à la lettre de la batterie : aux selles, l'étiquette est placée du côté gauche sur la pointe de l'arçon de devant ; aux harnais, sur la face postérieure de l'attèle gauche du collier.

Quand les localités ne permettent pas toutes ces dispositions, on s'en rapproche le plus possible, à l'effet d'établir dans la tenue des chambrées un ordre uniforme qui puisse à la fois faciliter l'inspection des effets et leur conservation, entretenir la propreté, et surtout mettre les canonniers en état de tout trouver promptement, s'il fallait s'assembler à l'improviste avec armes et bagage.

Soins de propreté le samedi et le dimanche.

277. A moins de circonstances particulières, le samedi étant consacré aux travaux de propreté, le brigadier empêche, ce jour-là, après la soupe, qu'aucun canonnier sorte avant que l'officier de demi-batterie ait passé sa revue. Dans la journée, sous la surveillance des maréchaux-des-logis, il fait battre les couvertures, les schabraques et les

habits, blanchir la buffleterie, nettoyer les armes, laver les tables et les bancs, et mettre tout dans l'état de la plus exacte propreté.

Le dimanche, il s'assure que tous les canonniers prennent du linge blanc.

Entretien du linge et de la chaussure.

278. Il veille à ce que le linge soit raccommodé après le blanchissage, et que les clous qui manquent à la chaussure soient remplacés soigneusement.

Blanchîment de la buffleterie.

279. Afin de maintenir l'uniformité de nuances dans la buffleterie, le chef de chambrée a un vase dans lequel il prépare ou fait préparer, en sa présence, les matières destinées à la blanchir; il s'oppose à ce qu'on se serve de matières préparées ailleurs.

BRIGADIER CHEF D'ORDINAIRE.

Vérification du livret de l'ordinaire.

280. La veille du prêt, le brigadier chef d'ordinaire présente à l'officier de

demi-batterie le livret servant à l'inscription des recettes et dépenses, pour qu'il le vérifie et l'arrête.

Prêt.

281. Le jour du prêt, il porte le livret chez le maréchal-des-logis chef, pour y faire inscrire en sa présence le nouveau prêt, ainsi que les autres objets de recette, et pour recevoir la solde.

De retour à la chambre, il donne aux canonniers leurs deniers de poche, sur lesquels il n'est permis, sous quelque prétexte que ce soit, de faire aucune retenue. Il ne peut faire aucun autre décompte, le reste du prêt devant être consommé aux dépenses de l'ordinaire.

Toutes les subsistances, hormis le pain de munition, y doivent être en commun. Il en est de même des ingrédiens pour blanchir la buffleterie, éclaircir les armes, noircir les harnais, les bottes et souliers, soit qu'on les emploie en commun, soit qu'on les distribue au besoin à chaque homme.

C'est aussi sur le prêt que le brigadier paie le blanchissage, à raison d'une chemise et d'un mouchoir par homme et par semaine. Le lundi matin, il fait rassembler le linge sale, et le remet en compte à la blanchisseuse. Celle-ci rapporte le linge blanc le samedi, autant que possible; le brigadier le reçoit et fait remettre à chacun ce qui lui appartient. S'il y a des plaintes contre la blanchisseuse, soit que le linge se trouve mal blanchi, soit qu'elle ne le rende pas exactement, il en fait le rapport à son maréchal-des-logis et à l'officier de demi-batterie.

Défense de se servir de cuivre pour la cuisine.

282. Il est expressément défendu de se servir d'ustensiles de cuivre pour la cuisine, à moins d'impossibilité reconnue d'en avoir d'autres; dans ce dernier cas, ils doivent être soigneusement étamés et nettoyés.

Police des repas.

283. Aucun brigadier ou canonnier ne peut se dispenser de manger à l'ordi-

naire sans une permission de l'officier de demi-batterie, approuvée par le capitaine commandant.

Le brigadier maintient l'ordre pendant le repas, et une exacte justice dans la distribution des alimens.

Corvée de soupe. — Soupe portée à l'extérieur, ou mise à part.

284. Le brigadier commande à tour de rôle, pour faire la soupe, tous les artificiers, canonniers et trompettes, en commençant par le moins ancien. Dans les grands ordinaires, il commande en outre, d'après le même contrôle, un ou plusieurs aides, suivant le besoin.

Il fait conserver le matin et tenir chaude celle des hommes de garde, pour qu'ils la mangent à leur retour; il la fait porter le soir par le cuisinier aux nouveaux hommes de garde, avec leurs capotes et bonnets de police; il la fait porter matin et soir aux gardes d'écurie, quand ils ne peuvent venir la manger à l'ordinaire.

Lorsque l'emplacement des postes ou

l'heure de les relever rend utile que la soupe leur soit portée le matin, le lieutenant-colonel en donne l'ordre.

Le chef d'ordinaire fait porter également aux détenus les subsistances qui ont été fixées lors de la punition.

On ne conserve point de soupe pour ceux qui, devant manger à l'ordinaire, ne se trouvent pas présens à l'heure prescrite; et il est défendu d'en mettre à part, si ce n'est pour les sous-officiers qui, par circonstance, seraient forcés de vivre à un ordinaire.

Le brigadier exige que le cuisinier soit toujours en tenue d'écurie ou de travail, et ne s'absente pas sans nécessité.

Recrue faisant sa première soupe.

285. Quand un homme de recrue fait la soupe pour la première fois, il est défendu d'exiger de lui qu'il ajoute à l'ordinaire; et, dans tous les cas, le brigadier ne peut le lui permettre sans l'autorisation du maréchal-des-logis de la pièce.

Emploi du pain de soupe.

286. Le pain donné, fourni ou acheté en plus pour la soupe, y doit être uniquement et entièrement employé.

Achats.

287. Le chef d'ordinaire doit acheter des denrées saines et nourrissantes, et les chercher dans les prix les moins élevés : la viande de bœuf, remplissant ces deux objets, doit être, autant qu'il se peut, la seule en usage.

Pour aller faire les emplettes de l'ordinaire, il doit être en tenue, armé de son sabre, et toujours accompagné d'un canonnier en tenue d'écurie ou de travail, qui rapporte à la chambre les diverses provisions, et qu'il ne peut empêcher de débattre les prix, ni d'aller à d'autres marchands. A son retour, il inscrit les dépenses sur le livret de l'ordinaire, en présence de ce canonnier, dont il mentionne le nom.

Soins du cuisinier pour la propreté.

288. Le cuisinier tient la chambre où

se fait la cuisine dans la plus grande propreté; il nettoie les ustensiles de cuisine, qu'il doit rendre propres et consigner à celui du lendemain. Il ne peut fendre le bois que dans la cour, et non pas dans les chambres, corridors et escaliers. C'est au brigadier à faire observer tous ces détails.

État affiché des tours de corvée.

289. Le tableau des tours de corvée doit être affiché par les soins du chef d'ordinaire dans un lieu apparent de la chambrée, afin que chacun puisse le vérifier quand il le juge à propos. Les corvées commencent par la queue du contrôle habituel.

Tout artificier ou canonnier chef d'ordinaire est exempt des corvées de soupe et de pain.

SERVICE DE SEMAINE.

Tenue du brigadier de semaine. — Cas où il y en a deux par batterie.

290. Le brigadier de semaine est toujours en tenue. Il en est établi deux par

batterie, dans le cas prévu par l'art. 223, pour les maréchaux-des-logis.

Corvées commandées.

291. Il commande les corvées, et, à moins d'empêchement, il le fait aux appels du matin et de trois heures; le contrôle de la batterie lui est remis à cet effet par celui qu'il relève.

Déjeûner des chevaux, etc.

292. Le brigadier de semaine de chaque batterie montée se trouve le matin aux écuries pour distribuer le déjeûner des chevaux, faire relever la litière, la faire séparer du crottin, faire sortir le fumier et balayer les écuries. S'il y a des billots de perdus, il en rend compte au maréchal-des-logis de semaine, qui les fait remplacer.

Pansages.

293. Il doit se trouver aux pansages et y veiller particulièrement à celui qui se fait par corvée. Son cheval est toujours pansé, dans les batteries à che-

val, par un canonnier démonté; dans les batteries montées, par un canonnier conducteur qui n'a pas de chevaux.

Pendant que le maréchal-des-logis de semaine est près des auges, le brigadier veille au départ des chevaux qui doivent remplacer ceux qui viennent d'être abreuvés; il partage avec le maréchal-des-logis le soin d'empêcher les chevaux de trotter ou de galoper en allant aux auges et en revenant.

Quand on conduit les chevaux à l'abreuvoir, il marche à la queue de la batterie, ou, si le terrain le permet, sur le flanc, afin de maintenir l'ordre.

Distribution de l'avoine et de la paille.

294. Dans les batteries à cheval et montées, le brigadier de semaine, immédiatement après l'appel, distribue l'avoine aux canonniers qui sont chargés de la donner à chaque ordinaire de chevaux; il veille à ce que les musettes qui la contiennent soient placées de manière à ne pas être renversées : elle est distribuée aux chevaux après leur rentrée de

l'abreuvoir. Dès qu'elle est mangée, il donne la paille, à raison d'une botte par ordinaire; et quand elle est dans les râteliers, il fait balayer le devant des écuries.

Propreté du quartier.

295. Après la soupe du matin, il rassemble les hommes de corvée pour leur faire nettoyer les corridors et escaliers; après quoi il les conduit au maréchal-des-logis de garde, qui, de son côté, leur fait nettoyer les cours, les latrines, vider les baquets, etc., lorsqu'il n'y a pas assez de consignés ou de détenus à la salle de police pour cette corvée.

Garde d'écurie. — Dîner des chevaux.

296. Les gardes d'écurie s'assemblent en même temps que la garde montante, et les brigadiers de semaine les conduisent à leur poste, après que la garde a défilé et que l'ordre a été donné. Lorsque les gardes d'écurie se sont consignés l'un à l'autre, en sa présence, les ustensiles d'écurie, il en vérifie l'état, pour

en faire payer la réparation ou le remplacement à qui de droit.

Il distribue le fourrage pour le dîner des chevaux, et s'assure de la propreté de l'écurie avant de la quitter.

Classe d'instruction.

297. Il réunit les hommes des différentes classes d'instruction, et, après l'inspection du maréchal-des-logis, il conduit ceux de la dernière classe au rassemblement général.

Fourrages.

298. Le brigadier de semaine de chaque batterie à cheval et montée rassemble, avec le fourrier, les hommes pour les corvées de fourrage; va avec eux à la distribution, et ramène ceux chargés du foin et de la paille. Il s'assure que le compte des rations y soit, attendu qu'il en est responsable une fois qu'il les a reçues.

Quand il distribue le fourrage, il le fait partager également entre tous les ordinaires. Il observe les chevaux qui mangent lentement, les désigne au maréchal-des-logis de semaine, et celui-ci à l'officier de semaine, qui en rend compte au capitaine commandant.

Portes et fenêtres des écuries. — Souper des chevaux.

299. Il fait ouvrir les portes et les fenêtres, excepté dans les temps de fortes gelées, ou lorsque, dans les grandes chaleurs, le soleil gêne les chevaux; elles sont fermées par les gardes d'écurie aux approches de la nuit.

A la sonnerie pour le souper des chevaux, il se trouve aux écuries pour le distribuer, il fait faire la litière, voit si les chevaux sont tous bien attachés, si les lampes sont suffisamment garnies, et si les gardes d'écurie sont à leur poste.

Remise du service.

300. Le dimanche, il ne quitte son service qu'après avoir remis le contrôle de la batterie à celui qui le remplace; dans les batteries montées et à cheval, il lui remet de plus les fourrages res-

tant en magasin, les consignes et ustensiles d'écurie, ce qui a lieu en présence du maréchal-des-logis de semaine après la garde montée.

TROMPETTES.

Police et instruction.

301. Les trompettes sont, pour leur service et leur instruction, sous la surveillance du trompette maréchal-des-logis et du trompette brigadier, et soumis à la police des chambrées dans lesquelles ils logent.

Le trompette maréchal-des-logis et sous lui le trompette brigadier sont obligés d'instruire tous les trompettes aux sonneries de l'ordonnance, d'en former un nombre suffisant pour les fanfares, et de leur enseigner les élémens de la musique. Chaque jour ils en réunissent au moins la moitié pour les leçons et répétitions, et le trompette maréchal-des-logis rend compte de leur instruction au plus ancien adjudant, sous la surveillance duquel ils sont placés.

Sonneries.

302. Il y a vingt-huit sonneries distinctes pour le service, savoir : — *la générale*; — *le boute-selle*; — *le boute-charge*; — *à cheval*; — *l'assemblée*; — *la messe*; — *la marche*; — *le ralliement*; — *la retraite*; — *le réveil*; — *le repas des chevaux*; — *le pansage*; — *l'abreuvoir*; — *les distributions*; — *l'instruction*; — *les corvées*; — *la soupe*; — *le ban*; — *la fermeture du ban*; — *à l'ordre*; — *à l'ordre pour les fourriers*; — *à l'ordre pour les maréchaux-des-logis de semaine*; — *à l'ordre pour les maréchaux-des-logis chefs*; — *à l'ordre pour la réunion des trompettes*; — *le rassemblement des gardes*; — *l'appel des hommes consignés*; — *l'appel après la retraite*; — *l'extinction des feux*.

Quand les troupes de plusieurs corps occupent le même quartier, les trompettes maréchaux-des-logis ou trompettes brigadiers s'entendent entre eux, d'après les ordres de leurs chefs, pour ajouter à chaque sonnerie quelque signal distinctif, de manière que le service ne soit pas confondu entre les corps.

Parade.

303. Le trompette maréchal-des-logis se trouve tous les jours en tenue à la garde montante, et s'y place à la gauche des sous-officiers. Il reçoit au cercle les ordres pour son service; et lorsqu'il y en a d'imprévus, il les reçoit de l'adjudant de semaine, qui peut quelquefois lui permettre de se faire suppléer par le trompette brigadier; il se rend à la parade, lorsque les gardes du régiment doivent y défiler.

Retraite.

304. Tous les soirs il rassemble, pour faire sonner la retraite, les trompettes sur la place d'armes, quand il y a d'autres troupes dans la garnison; et, en cas contraire, devant le quartier, ainsi que sur les autres points que l'adjudant lui a indiqués.

Service et corvées.

305. Tous les trompettes roulent ensemble pour le service de garde et de détachement. Le trompette maréchal-des-logis les commande à tour de rôle et par ancienneté sur tout le régiment, en observant de ne pas commander en même temps deux trompettes de la même batterie.

Il y a tous les jours un trompette de service, et plus si le cas l'exige, pour exécuter toutes les sonneries. Il ne quitte ni le jour ni la nuit la garde de police. Il est aux ordres de l'adjudant-major de semaine, de l'adjudant de semaine et du maréchal-des-logis de garde.

Les trompettes sont exempts des corvées de la batterie, mais sujets à celles de la chambrée, de l'ordinaire et du fourrage ; enfin, à la garde d'écurie pour le tour de leur cheval.

Cas de séparation du régiment.

306. Quand on forme le dépôt, le trompette maréchal-des-logis et le trompette brigadier y restent, tant pour le service que pour former les élèves.

MODE DE RÉCEPTION

DES SOUS-OFFICIERS ET DES BRIGADIERS.

Adjudans, sous-officiers et brigadiers.

308. Les adjudans, les sous-officiers et les brigadiers sont reçus de la manière suivante :

Les adjudans, à la garde montante, par l'adjudant-major de semaine, à la tête des sous-officiers assemblés ;

Les maréchaux-des-logis chefs, les maréchaux-des-logis et les fourriers, par le capitaine commandant ou par le capitaine en second, lorsque la batterie prend les armes ;

Le trompette maréchal-des-logis, par l'adjudant-major de semaine, à la garde montante et à la tête des trompettes ;

Le trompette brigadier, par l'adjudant de semaine, de la même manière ;

Les brigadiers, par l'officier de semaine, à l'un des appels.

La formule de réception est analogue à celle indiquée par l'article précédent.

CONSIGNE GÉNÉRALE

POUR LA GARDE DE POLICE.

309. Il y a toujours au quartier une garde de police, dont la force est proportionnée aux localités, aux circonstances, et déterminée par le commandant du corps. Elle défile au quartier et ne fait point partie du service de la place.

Elle ne reçoit de consignes verbales et journalières que des officiers supérieurs, de l'adjudant-major ou de l'adjudant de semaine, et n'en reçoit d'écrites et de permanentes que du commandant du régiment.

Elle doit marcher, en partie seulement, à la demande de toute personne en grade, ainsi que dans le cas où elle serait appelée pour mettre le bon ordre et pour en arrêter les perturbateurs, soit par le juge de paix, soit par tout citoyen.

DEVOIRS DE LA SENTINELLE DU POSTE.

Alertes. — Honneurs.

310. Comme toutes les sentinelles, celle du poste a trois alertes pour lesquelles elle crie *aux armes* : le Bon-Dieu, le feu et le bruit. Elle crie *aux armes* pour rendre les honneurs à un officier général qui entrerait au quartier, et *hors la garde* pour le colonel et pour l'officier supérieur qui commande en son absence. Elle présente les armes aux officiers généraux et supérieurs ; elle les porte pour les autres officiers, ainsi que pour les chevaliers de Saint-Louis et ceux de la Légion d'honneur.

Légumes apportés au quartier.

311. Elle doit s'opposer à ce qu'aucun canonnier fasse entrer ou apporte des légumes au quartier, à moins que le porteur ne soit accompagné d'un brigadier en tenue.

Paquets portés hors du quartier.

312. Elle doit empêcher qu'aucun canonnier ou étranger sorte avec un

paquet, à moins qu'un brigadier ne l'accompagne. Si on jetait un paquet par les fenêtres, elle en préviendrait le maréchal-des-logis ou le brigadier.

Entrée des femmes et des étrangers au quartier.

313. Elle ne laisse entrer au quartier d'autres femmes que celles qui y sont logées, ou qui appartiennent au régiment, à moins que le maréchal-des-logis de garde ne l'ordonne; elle en use de même pour tout autre étranger.

Propreté du quartier.

314. Elle ne souffre pas qu'on fasse ou qu'on jette des ordures près du poste ni dans l'intérieur du quartier, hors les endroits à ce destinés.

Sortie des chevaux.

315. Elle ne doit laisser sortir aucun canonnier avec un cheval, sans l'ordre d'un maréchal-des-logis.

Consignés.

316. Elle doit bien observer que les sous-officiers, brigadiers et canonniers

qui lui sont désignés comme consignés au quartier n'en sortent point.

Entrée et sortie après l'appel.

317. Elle empêche les brigadiers et canonniers de sortir après l'appel du soir.

Elle fait passer au corps-de-garde tous ceux qui rentreraient après cet appel, même les sous-officiers, ainsi que les ouvriers du corps et les travailleurs en ville.

Lumières éteintes.

318. Si, pendant la nuit, ou après la sonnerie pour éteindre les lumières, elle en aperçoit dans les chambres, elle en avertit le maréchal-des-logis.

Reconnaissance des rondes et patrouilles.

319. Après dix heures du soir, elle crie *qui vive* sur tout le monde et exige qu'on ne passe qu'à quelques pas d'elle. Si la garde est extérieure, et qu'une ronde ou une patrouille se présente, elle crie : *halte là, aux armes, venez reconnaître.*

DEVOIRS DU BRIGADIER DE GARDE.

Place du brigadier.

320. Le brigadier se place à la droite de la garde lorsqu'il la commande, et à la gauche dans le cas contraire.

Vérification au corps-de-garde et à la salle de police.

321. Il doit reconnaître, en arrivant, tous les ustensiles, registres et consignes du corps-de-garde; s'il les trouve en mauvais état, il en fait le rapport au commandant du poste, et celui-ci à l'adjudant. Il fait de même pour la salle de discipline, et il vérifie le nombre des détenus.

Répartition du service entre les hommes de garde.

322. Il numérote les hommes de la garde, pour déterminer l'ordre de faction; il fait tirer au sort les corvées parmi ceux qui restent après la première pose, et il désigne, lorsqu'il y a lieu, les plus intelligens pour les rap-

ports verbaux; et pour aller recevoir l'ordre et le mot.

Manière de relever les sentinelles.

323. Pour conduire en faction, il fait sortir en même temps tous les canonniers de pose, leur fait porter les armes ou mettre le sabre à la main à son commandement, les présente à l'inspection du commandant du poste, et désigne les plus intelligens pour les postes essentiels. S'il y a moins de quatre hommes, il les place sur un rang pour les conduire, et sur deux s'il y en a davantage. Il relève d'abord la sentinelle du poste, et ensuite la plus éloignée, toutes, excepté la première, doivent le suivre jusqu'à son retour au poste, et s'arrêter à six pas de celle qu'on remplace.

Pour relever, il place la nouvelle sentinelle à la gauche de l'ancienne, et commande *à droite* et *à gauche, présentez vos armes*; il fait répéter la consigne, et y ajoute ce qu'il croit convenable pour la faire mieux comprendre. Il reconnaît les objets que doivent contenir les guérites, tels que capotes, consignes, etc. Il ramène les factionnaires dans le même ordre qu'il a conduit la pose, leur fait présenter les armes; puis *haut les armes* (à ce dernier commandement les canonniers à cheval remettent le sabre), et rompre les rangs pour les faire rentrer. Il rend compte au maréchal-des-logis.

Reconnaissance des rondes et patrouilles.

324. Lorsqu'une ronde ou patrouille est arrêtée, la garde prend les armes, le brigadier se porte à quinze pas de la sentinelle, crie à son tour : *qui vive*; et, après qu'on lui a répondu, il dit : *avancez à l'ordre*. Il a désigné d'avance les hommes pour aller reconnaître avec lui.

Salle de discipline.

325. Le brigadier a les clefs de la salle de discipline, et ne peut les confier qu'au maréchal-des-logis de garde, pendant qu'il va relever les sentinelles. Il n'y laisse entrer et n'en laisse sortir

qui que ce soit, que d'après les ordres du commandant du poste.

Il s'assure que toutes les soupes soient réunies et portées en même temps aux détenus, et qu'il ne soit rien ajouté à ce qui leur est accordé. Il reste à la salle de discipline pendant que les détenus mangent la soupe. Il s'oppose à ce qu'on y porte de la lumière, des pipes, ou d'autre boisson que de l'eau.

Il empêche que les prisonniers aient des relations avec des canonniers, et en conséquence il n'ouvre la porte que pour les sous-officiers ou brigadiers.

Tous les matins, à l'heure de la corvée de propreté, il y fait la visite, reconnaît les dégradations, voit s'il n'y a pas de malades, fait balayer, vider les baquets et renouveler l'eau dans les cruches. Avant la nuit il fait la même chose.

Ouverture et fermeture des écuries et du quartier. — Lanternes.

326. Le brigadier peut en outre être chargé des clefs des écuries, d'en faire ouvrir et fermer les portes aux heures

fixées, ou d'après l'ordre du maréchal-des-logis de garde. Il a constamment le même service pour les portes du quartier. Dès qu'il fait nuit, il veille à ce que les gardes d'écurie allument les lanternes des écuries, qui doivent éclairer jusqu'au point du jour.

DEVOIRS DU MARÉCHAL-DES-LOGIS DE GARDE.

Place et formation de la nouvelle garde.

327. Le maréchal-des-logis amène la garde, lorsqu'il la commande, à la gauche de l'ancienne, ou vis-à-vis à défaut d'espace, et la place, dans l'un comme dans l'autre cas, sur deux rangs, lorsqu'elle est au-dessus de six hommes; il ne fait rompre les rangs qu'après que l'autre est partie et éloignée de quelques pas.

Le maréchal-des-logis responsable de tout le service du poste.

328. Il répond de la ponctualité du brigadier et des sentinelles à remplir

leurs devoirs ; il doit donc les leur faire répéter souvent.

Il est chargé de faire exécuter toutes les sonneries, et doit le faire avec l'exactitude la plus scrupuleuse : il a en conséquence à sa disposition le trompette de service, qu'il ne doit laisser quitter le poste ni le jour ni la nuit.

Visite de la salle de discipline.

329. Il visite la salle de discipline le matin et le soir, et reçoit les demandes ou réclamations des détenus. Il fait prévenir les officiers supérieurs ou autres, et même les sous-officiers auxquels les prisonniers désireraient faire personnellement leurs réclamations, ce qui ne peut être accueilli lorsque le réclamant est pris de vin.

Soupe des gardes d'écurie.

330. Quand les écuries sont sous les chambres, les gardes d'écurie devant aller manger la soupe à l'ordinaire, le maréchal-des-logis les fait remplacer, pendant leur absence, par des canonniers du poste.

Propreté du quartier.

331. Une demi-heure après la soupe du matin, et au signal donné à cet effet, il rassemble les détenus et les hommes de corvée que doivent lui amener les brigadiers de semaine, pour faire balayer les cours et passages communs du quartier, nettoyer les latrines et tirer de l'eau.

Surveillance générale sur la tenue de la troupe.

332. Il observe généralement et plus rigoureusement les dimanches et fêtes, ainsi que les jours de passage de troupes, la tenue des brigadiers et canonniers qui sortent du quartier : elle doit être ordonnée ou celle d'uniforme complet; il ne laisse pas sortir ceux dont la tenue serait défectueuse. Les sous-officiers, brigadiers et canonniers ne peuvent jamais sortir en tenue sans sabre.

Étrangers au quartier.

333. Il doit examiner soigneusement tous les étrangers qui se présentent pour

entrer au quartier, ce qu'il ne permet point aux femmes qui lui paraissent suspectes ni aux gens sans aveu. Il a l'attention de faire conduire partout où ils le désirent, par le brigadier ou un canonnier intelligent, les officiers et sous-officiers des autres corps et les personnes de marque : il en agit de même à l'égard des parens des militaires du régiment.

Tenue du soir. — Fermeture du quartier.

334. A la retraite, il fait mettre les bonnets de police à sa garde, permet qu'on mette les pantalons de cheval, et fait fermer les portes du quartier, ne laissant ouvert que le guichet.

Rondes aux écuries et dans les cantines.

335. Après la retraite, il visite toutes les portes du quartier et des écuries, que le brigadier a dû faire fermer.

Après l'appel, il passe dans les cantines du quartier, et après en avoir fait sortir tous ceux qu'il y trouve, et dont il fait mention au rapport, il les fait fermer. Il fait faire des patrouilles dans celles des environs, si des canonniers ne sont pas rentrés. Il visite ensuite les écuries, regarde si les chevaux ne sont pas détachés, empêtrés ou dérangés, si les lanternes éclairent, si les gardes d'écurie sont à leurs postes, et s'ils y sont sans capotes; cette visite est renouvelée à peu près toutes les heures, soit par lui en personne, soit par le brigadier.

Lumières éteintes.

336. Une heure après l'appel, il fait sonner pour éteindre les lumières, et s'assurer ensuite que cet ordre s'exécute partout. Il indique dans son rapport la chambre dans laquelle il aurait été obligé de monter pour l'exiger.

Rondes autour du quartier.

337. Avant ou après chaque visite d'écurie, il fait des rondes autour du quartier, pour vérifier si tout est tranquille, et s'il n'y a point de lumières dans les chambres. Il peut se faire suppléer quelquefois par le brigadier dans

ces rondes comme dans les visites d'écurie; mais, attendu que celui-ci a ses courses de pose, il ne doit le faire que rarement, cette responsabilité importante ne pouvant guère d'ailleurs être partagée.

Secours du chirurgien-major.

338. Il remet au chirurgien-major, lorsqu'il vient le matin faire sa visite au quartier, les billets que, dans les cas ordinaires, les maréchaux-des-logis chefs ont fait déposer au corps-de-garde.

Si, pendant la nuit, il est averti que quelqu'un a besoin des prompts secours du chirurgien-major, il l'envoie aussitôt appeler par un brigadier ou par un homme sûr.

Rentrées au quartier après l'appel.

339. Après l'appel du soir, les brigadiers et canonniers ne peuvent plus rentrer sans se présenter au maréchal-des-logis, qui inscrit l'heure de leur retour sur le registre dont il sera parlé ci-après, et retire les permissions,

excepté celles qui sont permanentes. Il en est de même pour les sous-officiers, une heure après cet appel.

Heure de tenue et d'inspection de la garde.

340. A six heures du matin en été, à sept heures en hiver, il fait mettre sa garde en bonne tenue, et en passe l'inspection ; ce qu'il est libre de faire aussi souvent que le bien du service le lui fait juger nécessaire.

Registre des rapports et comptes journaliers.

341. Il y a au corps-de-garde de police un registre fourni par le régiment, sur lequel la présente consigne est inscrite, et qui sert à l'enregistrement de toutes celles qui peuvent être données pour un terme au-delà d'une semaine, des entrées et sorties de la salle de discipline, des rentrées au quartier après l'appel ou après les heures portées aux permissions, des diverses rondes et patrouilles, s'il s'en est fait, et enfin de toutes les notes dont l'objet doit être mentionné au rapport. Ce re-

gistre est signé par le maréchal-des-logis, et arrêté chaque jour par l'adjudant de semaine; entre huit et neuf heures du matin, instant où le maréchal-des-logis va le lui présenter et lui rendre compte. Il est arrêté définitivement, tous les dimanches, par l'officier supérieur de semaine.

Quelques feuilles de ce registre sont consacrées à inscrire la demeure de tous les officiers du régiment, ainsi que celle du chirurgien-major et de ses aides. L'adjudant de semaine a soin d'y faire mentionner les changemens à mesure qu'ils surviennent.

Descente de la garde.

342. La sentinelle crie *aux armes* dès qu'elle aperçoit la nouvelle garde. Après que les consignes sont rendues, le corps-de-garde et la salle de discipline visités, le maréchal-des-logis, s'il commande la garde, fait partir sa troupe par le flanc; il l'arrête à quinze pas, lui fait remettre le sabre, et la fait rentrer.

Disposition générale.

343. Quel que soit le grade du commandant de la garde de police, il est responsable de l'entière exécution de la présente consigne.

CONSIGNE DES GARDES D'ÉCURIE.

Composition et tenue.

344. Il est commandé chaque jour, dans les batteries à cheval et montées, une garde d'écurie composée d'un nombre de canonniers tel qu'il y en ait un pour vingt ou vingt-cinq chevaux, suivant les localités. Les hommes de garde d'écurie sont toujours en bonnet de police, gilet, pantalon d'écurie, sabots ou mauvais souliers. Cette garde est relevée tous les jours, à onze heures et demie, par les soins du brigadier de semaine de chaque batterie à cheval et montée.

Consignes et ustensiles.

345. Les gardes d'écurie reçoivent et rendent, en présence du brigadier, les consignes et ustensiles d'écurie desquels ils sont responsables. S'il s'en trouve de perdus ou d'endommagés par leur faute, il leur est fait une retenue proportionnelle pour le remplacement ou la réparation.

Tous les soirs, avant l'heure d'allumer, ils vont prendre les lampes chez le maréchal-des-logis chargé des détails d'écurie, et les lui reportent tous les matins, après le déjeûner des chevaux.

Vigilance à prévenir les accidens.

346. Ils doivent être en activité jour et nuit, accourir au moindre bruit que font les chevaux, afin de prévenir les accidens s'ils se battent, s'embarrassent dans leurs longes, ou se détachent : tous les inconvéniens de ce genre peuvent être si aisément prévenus, qu'il n'en survient guère que par la négligence des gardes d'écurie. Ils sont pourvus de deux

colliers pour attacher les chevaux qui cassent leur licou.

Ne peuvent s'absenter.

347. Ils ne peuvent s'absenter que pour aller manger la soupe, si toutefois les écuries sont sous les chambres; dans ce cas, ils sont remplacés, pour le moment, par des hommes de garde; dans le cas contraire, la soupe leur est apportée.

Repas des chevaux.

348. Ils ne donnent jamais à manger aux chevaux qu'en présence des sous-officiers de semaine, et aux heures indiquées ci-après, s'il n'en a point été fixé d'autres; savoir: du 1.er Octobre au 1.er Avril, à six heures du matin et à six heures du soir, une heure plus tôt pendant les autres mois de l'année, et en tout temps à midi; un canonnier pour douze chevaux vient à ces heures-là aider les gardes d'écurie.

Canonniers pour aider les gardes d'écurie. — Litière, etc.

349. Les canonniers envoyés pour les

aider à donner à manger aux chevaux doivent aussi les aider à enlever le crottin, à nettoyer les écuries, à relever et faire la litière; mais les gardes d'écurie restent seuls chargés d'entretenir la plus grande propreté, de ne laisser jamais séjourner sous les chevaux ni urine ni crottin; de relever la paille à mesure qu'elle s'étend; de remettre à la litière celle qui est mouillée, après l'avoir fait sécher si la saison le permet; ils rejettent l'autre dans le râtelier, évitent d'en mêler avec le crottin, qui doit toujours être amassé en petits tas sur une même ligne, et mis hors de l'écurie chaque fois qu'on vient donner à manger aux chevaux.

Police intérieure des écuries.

350. Les portes et fenêtres des écuries restent toujours ouvertes, excepté dans les fortes gelées, ou dans les grandes chaleurs, lorsque le soleil y donne. Les gardes d'écurie empêchent qu'on y entre avec du feu, et que l'on y fume. Ils ne doivent point en laisser sortir de

chevaux sans l'autorisation d'un officier ou sous-officier, ou du brigadier de semaine, ni en laisser loger d'étrangers sans la permission d'un officier ou de l'adjudant, qui ne peuvent la donner que d'après celle du major.

Portes. — Réverbères. — Couvertures.

351. Le brigadier de garde est chargé des clefs de l'enceinte des écuries; il en fait ouvrir et fermer les portes aux heures déterminées, ou d'après l'ordre du maréchal-des-logis. Dès qu'il est nuit, il fait allumer les réverbères ou lanternes que les gardes d'écurie doivent soigneusement entretenir éclairées jusqu'au jour. Quand on leur fournit des couvertures, il leur est défendu de se servir de capotes pour aucun motif.

Accidens et indispositions des chevaux.

352. Les gardes d'écurie rendent compte aux officiers, sous-officiers de ronde, et, à chaque pansage, au brigadier et au maréchal-des-logis de semaine, du nombre des chevaux qui se

sont détachés ou échappés, de celui des licous cassés, des accidens qui ont pu avoir lieu dans l'intervalle des pansages, et enfin des indispositions des chevaux, s'il en est survenu. Si ces accidens et indispositions sont d'une nature grave, ils n'attendent pas les rondes ou visites pour en avertir, mais ils en informent sur-le-champ le maréchal-des-logis de semaine, ou celui de garde, qui en prévient le vétérinaire ou les officiers, selon le cas.

Exécution et affiche de consigne.

353. L'adjudant-major de semaine, et sous lui les lieutenans ou sous-lieutenans, l'adjudant et les sous-officiers de semaine, ainsi que le maréchal-des-logis de garde, sont chargés de l'exécution de la présente consigne, qui doit être affichée dans les écuries et au corps-de-garde.

Visite des ustensiles d'écurie.

354. L'adjudant-major de semaine, l'officier chargé du casernement, et l'of-

ficier qui a la surveillance spéciale des objets d'écurie, font de fréquentes visites, chacun en ce qui le concerne, et ordonnent de mettre au compte des gardes d'écuries ou des batteries, selon le cas, les remplacemens ou réparations nécessaires.

SERVICE DES VÉTÉRINAIRES.

Répartition du service entre les vétérinaires.

355. En temps de paix, le service du régiment est partagé entre les deux vétérinaires, et l'on traite avec chacun d'eux. Ils sont tenus d'agir de concert pour toutes les opérations où le concours des deux vétérinaires est utile, et, dans ce cas, le vétérinaire en premier les dirige.

Le premier vétérinaire est ordinairement chargé des chevaux de l'état-major. Si le régiment est séparé, il reste attaché à la partie la plus considérable.

Rangs et marques distinctives.

356. Le vétérinaire en premier porte

les galons de maréchal-des-logis chef, et prend rang après les adjudans. Le second porte les galons de maréchal-des-logis ordinaire, et prend rang après les maréchaux-des-logis chefs.

Subordination. — Autorité. — Responsabilité. — Devoirs.

357. Les vétérinaires sont aux ordres de l'officier chargé de surveiller leur service.

Les maréchaux-ferrans sont subordonnés aux vétérinaires.

Les vétérinaires sont responsables du traitement des chevaux malades et de leur guérison, autant qu'elle peut dépendre de leurs soins.

Ils ne doivent rien négliger pour conserver ou rétablir la santé des chevaux, mais surtout pour les préserver des maladies contagieuses.

Si un cheval est attaqué ou présumé attaqué de la morve, ils doivent le faire mettre à part sur-le-champ, et en prévenir l'officier sous les ordres duquel ils sont placés.

Ils assistent aux pansages, et font leur rapport verbal au capitaine et à l'adjudant-major de semaine. Ils donnent au capitaine de semaine les renseignemens qu'ils demandent sur le service de l'infirmerie, sur le nombre des chevaux qui s'y trouvent, sur la nature des maladies et du traitement dont elles sont l'objet.

Tous les matins, à neuf heures, l'un d'eux se trouve à la réunion des officiers et sous-officiers pour le rapport général.

Réception et marque des chevaux.

358. Il est toujours appelé avec l'instructeur d'équitation, à l'arrivée des chevaux de remonte, et c'est lui qui veille à ce que la marque du régiment leur soit appliquée sur la fesse gauche après qu'ils ont été reçus.

Registre des dépenses.

359. Il tient, pour les objets non compris dans l'abonnement, un registre de ses dépenses, coté et paraphé par le major, qui le vise tous les mois, et l'arrête tous les trois mois pour le soumettre au conseil d'administration.

Infirmerie.

360. Un maréchal-des-logis ou un brigadier, l'un et l'autre au besoin, sont attachés à l'infirmerie sous les ordres de l'instructeur d'équitation. Ils sont exempts du service de semaine et des corvées dans leur batterie.

VAGUEMESTRE.

Rang et fonctions.

361. Le vaguemestre est choisi par le conseil d'administration, et pris parmi les sous-officiers.

Il est sous la direction et la surveillance immédiate du major, qui présente les sujets pour cet emploi.

En route, il est chargé de la conduite des équipages sous les ordres exclusifs d'un officier nommé à cet effet par le colonel. (Voyez art. 507 et suivans.)

Muni d'une commission spéciale, qui lui est délivrée à cet effet par le conseil d'administration, il peut seul retirer des bureaux de la poste les lettres, paquets, argent et effets adressés au conseil, ainsi qu'aux officiers, sous-officiers et canonniers du régiment; il en est responsable, et il les distribue sans retard.

Quand il ne reçoit point de traitement spécial, il est autorisé à percevoir, en sus de la taxe, cinq centimes pour chaque lettre adressée aux officiers et sous-officiers (*celles des brigadiers et canonniers sont en tout temps exemptes de cette rétribution*), et deux centimes par franc sur les sommes adressées aux officiers, sous-officiers et canonniers. Les lettres et les fonds adressés au conseil d'administration sont exemptes de tout droit, comme étant objets de service public.

Quand la poste est trop éloignée du quartier ou du cantonnement, il fait placer au corps-de-garde de police une boîte aux lettres dont lui seul doit avoir la clef, et dont le corps fait les frais; il lève les lettres chaque jour de courrier pour les mettre à la poste, ayant préalablement été prendre celles du colonel, du major, du trésorier et de l'officier d'habillement.

Il est chargé, sous les ordres des officiers de détail, de faire transporter des bureaux de la diligence ou de roulage au magasin du régiment, les caisses, balles et marchandises adressées au conseil d'administration ou aux officiers de détails.

Remise des lettres, argent et autres objets.

362. Il remet d'abord au commandant du corps les dépêches qui lui sont adressées, ainsi qu'au conseil d'administration; il distribue ensuite celles du major, du trésorier et de l'officier d'habillement.

Les lettres et l'argent adressés aux officiers leur sont portés à domicile par le vaguemestre, à moins qu'il n'ait eu occasion de les leur remettre à la parade ou autres heures de service.

Il en est de même de tout ce qui est adressé aux adjudans et aux maîtres-ouvriers. Les autres sous-officiers du petit état-major peuvent recevoir leurs lettres et leur argent par l'entremise de l'adjudant de semaine, qui, dans ce cas, donne un récépissé.

Les lettres et l'argent adressés aux sous-officiers et canonniers sont remis au maréchal-des-logis chef de chaque batterie, qui est chargé de les faire tenir, et qui doit donner un récépissé de l'argent et des lettres chargées.

Le vaguemestre remet tous les jours de poste, à l'adjudant de semaine, la liste des militaires pour lesquels il a de l'argent ou des lettres chargées; l'adjudant communique cette liste aux maréchaux-des-logis chefs des batteries dont ces militaires font partie et en remet un double au major. Les maréchaux-des-logis chefs en préviennent les intéressés et en rendent compte à leur capitaine commandant, qui veillent à ce qu'il n'y ait ni retard ni sujet de plainte à cet égard.

Les maréchaux-des-logis chefs doivent s'empresser de faire passer aux hommes détachés l'argent et les lettres qu'ils reçoivent pour eux. Le capitaine commandant veille à ce que cela se fasse sans délai.

Registre tenu par le vaguemestre.

363. Le vaguemestre tient un registre (modèle r) divisé en deux parties : la première sert à l'enregistrement des titres qui lui sont confiés à l'effet de retirer des bureaux de poste les lettres chargées et les articles d'argent adressés aux officiers, sous-officiers et canonniers du régiment, et à la justification de la remise des uns et des autres; la seconde est destinée à constater les chargemens de lettres ou de fonds qu'il fait de la part des militaires du corps.

Ce registre est coté et paraphé par le major, visé par l'intendant ou sous-intendant militaire, et conforme au modèle annexé au présent réglement. Le major le vérifie et l'arrête tous les mois.

Lettres de rebut. — Argent destiné aux absens.

364. Les lettres de rebut sont remises par le vaguemestre au bureau de la poste,

sans avoir été décachetées, et après que le motif du refus a été inscrit au dos; au moyen de quoi le port lui est remboursé par le directeur.

Les sommes qui n'ont pu être remises ou envoyées dans les huit jours de la réception, et celles destinées à des militaires absens dont la position est inconnue, sont versées dans la caisse; le trésorier en donne récépissé au vaguemestre, et on les garde jusqu'à ce qu'elles puissent être remises aux ayant droit. Le trésorier tient, à cet effet, un registre coté et paraphé par le major, arrêté tous les trois mois par cet officier supérieur, et dont la vérification se fait au moyen de celui tenu par le vaguemestre.

Les sommes destinées à des militaires morts qui n'existent plus au régiment, sont refusées ou remises à la poste pour retourner aux personnes qui les avaient envoyées, à moins que les militaires ne redoivent au corps, auquel cas le major fait exercer le prélèvement nécessaire sur lesdites sommes.

Réclamations.

365. Le major reçoit et vérifie les plaintes et réclamations des militaires relativement aux lettres et articles d'argent. Il fait faire droit sur-le-champ auxdites plaintes et réclamations; et, dans le cas où elles l'amèneraient à découvrir quelques infidélités, il en dénonce les auteurs au commandant du régiment, qui les fait punir suivant la rigueur des lois.

Les plaintes des sous-officiers et canonniers doivent d'abord être adressées aux capitaines commandans.

TRAVAILLEURS.

Leur nombre.

366. Le nombre des travailleurs est subordonné aux besoins du service et de l'instruction, et réparti, dans une juste proportion, entre les batteries, par le lieutenant-colonel, sous l'approbation du colonel.

Hommes qui peuvent obtenir des permis de travail.

367. On n'accorde de permis de travail qu'aux canonniers d'une bonne conduite et déjà admis aux premières classes d'instruction. On ne doit permettre d'aller travailler à la campagne qu'avec beaucoup de réserve, et seulement aux hommes dont la conduite est éprouvée.

On ne souffre pas que les canonniers soient employés à aucun travail qui dégraderait la profession des armes.

Travailleurs aux ateliers du corps.

368. Les canonniers qui peuvent être utilement employés aux ateliers du corps sont obligés d'y travailler, si cela est jugé nécessaire.

Prélèvemens sur le prix du travail.

369. Les travailleurs sont tenus:

1.° De laisser cinq centimes par jour à l'ordinaire;

2.° De payer à la masse d'ordinaire trois francs par mois pour leur service, qui est fait par tous les hommes de la batterie;

3.° De payer un franc cinquante centimes par mois à l'homme chargé de l'entretien de leurs armes et de leurs effets;

4.° De verser à leur masse de linge et chaussure, si elle n'est point complète ou s'ils ont besoin d'effets à sa charge, une somme déterminée par le capitaine et proportionnée à leur bénéfice;

5.° Si, dans les batteries à cheval, le travailleur est monté, il paie à l'ordinaire trois francs par mois pour le pansage de son cheval.

En considération de la modicité du prix de leurs journées, le service des travailleurs aux ateliers du corps et à l'arsenal roule sur tout le régiment; ils ne paient que cinq centimes par jour à l'ordinaire et un franc cinquante centimes par mois, pour l'entretien de leur armement et équipement, aux hommes qui en sont chargés, s'ils ne les entretiennent pas eux-mêmes.

Comment et par qui sont demandées et accordées les permissions de travailler.

370. Avant de proposer les permissions de travailler, les capitaines doivent avoir pris des renseignemens certains sur la moralité des personnes qui emploieront les travailleurs, et s'être assurés qu'après les prélèvemens ordonnés par l'article précédent, et en considérant ce que les canonniers useront d'effets, il y a de l'avantage à les laisser travailler.

Les chefs d'escadron ne soumettent ces permissions au lieutenant-colonel qu'autant que ces conditions seront remplies. Elles sont approuvées par le colonel.

Effets dont les travailleurs doivent être pourvus.

371. Tout travailleur doit se pourvoir, à ses frais, d'un sarreau ou d'une veste d'une couleur adoptée par le régiment, différente de celle de l'uniforme, mais ayant le bouton du corps, le collet et les paremens de la couleur tranchante.

Les effets d'ordonnance des travailleurs restent à la chambre ; ils ne peuvent les porter que le dimanche, les fêtes et pour les inspections. Il leur est défendu de jamais s'en servir pour travailler, à l'exception toutefois du bonnet de police.

Rentrée des travailleurs.

372. Les travailleurs en ville ne sont pas dispensés de se trouver à l'appel du soir ni de coucher au quartier. Ceux que leur travail retient plus tard, et ceux qu'il oblige de sortir avant le réveil sonné, en ont l'autorisation spéciale et par écrit, exprimant les heures de rentrée et de sortie. Cette faveur ne s'accorde qu'à des hommes d'une excellente conduite.

Ceux qui ont des permissions permanentes pour découcher ou travailler à la campagne (permissions qui doivent être approuvées par le commandant de la place), n'en sont pas moins tenus de rentrer tous les samedis pour l'appel du soir.

Tous les travailleurs rentrent nécessairement pour les inspections générales, les revues de comptabilité, et chaque fois que le commandant du régiment le juge nécessaire.

Inspectés et exercés le dimanche.

373. Tous les dimanches ils sont inspectés, en tenue, avec leur batterie, et exercés ensemble par un officier ou sous-officier désigné à cet effet par l'instructeur.

Registre des produits.

374. Il est tenu par chaque capitaine commandant, pour sa batterie, et par le major, pour tout le corps, un registre destiné à constater l'époque, la durée, les interruptions, la cessation et le produit du travail de chaque canonnier.

Permissions retirées pour inconduite.

375. Tout travailleur qui donne lieu à des plaintes par une conduite irrégulière ou par quelque infidélité dans la quotité ou l'emploi du prix de son tra-

vail, doit être aussitôt privé de sa permission, indépendamment de toute autre punition proportionnée à la gravité du fait.

Canonniers employés par les officiers.

376. Les officiers ne peuvent occuper habituellement aucun canonnier à leur service personnel. Il leur est permis d'en prendre seulement dans leur batterie pour l'entretien de leurs armes et effets d'ordonnance et pour le pansage des chevaux qui leur sont accordés par les réglemens, et sous la condition qu'ils ne seront dispensés d'aucune partie de leur service. Ils leur paient quatre francs par mois pour chaque cheval, et deux francs pour seller et brider. Cependant les lieutenans et sous-lieutenans peuvent obtenir des capitaines commandans, et ceux-ci des chefs d'escadron, que le service soit fait en payant: mais, dans ce cas même, ils ne peuvent jamais exempter ces canonniers des manœuvres.

TENUE.

Uniformité.

379. L'uniformité prescrite par les réglemens d'habillement sera exactement observée ; le commandant du corps est responsable de la tenue des officiers, et ceux-ci de celle des sous-officiers et canonniers de leurs batteries.

Tenue des sous-officiers et canonniers.

381. L'obligation de la tenue pour tout sous-officier et canonnier qui sort du quartier commence après la soupe du matin. Elle ne commence qu'à l'heure du rassemblement de la garde pour les sous-officiers employés à l'instruction : le sabre en fait toujours partie.

Les maîtres-ouvriers et ouvriers sont habituellement dispensés de la tenue, afin de pouvoir vaquer librement et en tout temps à leurs occupations.

La santé du soldat exige que tout homme dont le service doit durer la nuit soit muni de sa capote pour s'en couvrir au besoin.

Les sous-officiers et canonniers à qui leurs facultés le permettent, et qui veulent se procurer à leur compte des pantalons ou effets de linge et chaussure, sont tenus de se conformer à ce que prescrit l'uniforme.

Tenue lors des rassemblemens.

382. Le colonel fait connaître à l'ordre la tenue dans laquelle la troupe et le corps d'officiers doivent paraître quand ils se rassemblent.

Armes et buffleterie.

383. Toutes les parties de l'armement qui sont en fer ou en cuivre doivent toujours être soigneusement nettoyées.

Les mousquetons doivent être habituellement garnis de pierres *de bois*. Pour le service et les revues, ils doivent l'être de pierres à feu dont les angles soient arrondis ; on les contient entre les mâchoires du chien au moyen d'un plomb reployé.

L'usage du vernis pour la buffleterie est défendu.

MESSE.

384. Les jours de fêtes et dimanches, on sonne la messe à l'heure ordonnée par le colonel. Elle est célébrée par l'aumônier du corps.

Les batteries se réunissent armées de leur sabre, et se rendent ensemble à l'église, marchant par le flanc; elles sont conduites par les officiers de semaine, sous les ordres de l'officier supérieur de semaine.

Les trompettes sont à la tête du régiment.

Si la messe se dit avant la parade, la garde montante marche après les trompettes et précède les batteries. Si elle ne se dit qu'après la parade, un piquet armé est commandé pour ce service, et prend également la tête des batteries.

Les batteries se partagent dans la nef de l'église en se plaçant à la droite et à la gauche, et se faisant front, de manière que le milieu de l'église soit libre.

Les officiers, sous-officiers et canonniers qui sont sous les armes restent couverts; ils portent la main à la coiffure au commandement *genou à terre*. Tous les autres doivent être découverts.

Il est tiré de la garde ou du piquet trois hommes choisis, qui sont posés, un de chaque côté de l'hôtel, et un en face.

La garde et ces trois hommes sont reposés sur les armes jusqu'au moment de l'élévation. Alors le commandant de la garde commande, à voix basse, de porter les armes, de les présenter, et de mettre le genou droit en terre. Ces mouvemens sont exécutés ainsi qu'il est prescrit dans l'ordonnance.

Pendant l'élévation, les trompettes sonnent *la marche*.

Après l'élévation, le commandant de la garde commande de se relever, de porter les armes, et de se reposer sur les armes.

Les trois hommes, placés à l'autel, exécutent les mêmes mouvemens que la garde.

Pendant la messe, les trompettes ou la musique ne sonnent ou ne jouent que des marches ou autres airs d'un genre grave et analogue à la sainteté du lieu.

L'officier supérieur et les officiers de semaine tiennent la main à ce que les canonniers observent la décence convenable pendant le service divin. Les officiers, placés dans le chœur de l'église, en donnent eux-mêmes l'exemple.

Quand la messe est finie, la garde sort la première pour se rendre, soit au lieu où elle doit défiler, soit à ses postes, s'il n'y a point de parade. Si c'est un piquet, il est ramené en bon ordre au quartier.

Les batteries sortent ensuite dans le même ordre qu'elles sont entrées; et après leur sortie elles rompent les rangs.

PERMISSIONS.

Le nombre peut en être limité par le colonel.

385. Le colonel détermine, selon les circonstances, les besoins du service et

de l'instruction, le nombre des permissions qui peuvent être accordées, soit pour la totalité du corps, soit pour chaque batterie.

PERMISSIONS POUR LES SOUS-OFFICIERS ET CANONNIERS.

Permissions d'appel du matin et de trois heures.

393. Quand aucun rassemblement ne s'y oppose, les permissions d'un appel du matin ou d'un appel de trois heures peuvent être accordées, soit par l'officier de semaine, soit par le maréchal-des-logis chef, ou en son absence, par le maréchal-des-logis de semaine. Ces deux sous-officiers en rendent compte à l'officier de semaine. Les permissions pour les deux appels ne sont accordées que par cet officier; dans les batteries montées, les hommes qui les obtiennent sont tenus de faire panser de gré à gré leurs chevaux par un camarade. L'officier de semaine rend compte des unes et des autres à l'adjudant-major et au capitaine de semaine.

Les permissions pour manquer à la soupe peuvent être accordées par le brigadier de chambrée.

Permissions d'appel du soir.

394. Pour une permission d'appel du soir, les brigadiers et canonniers s'adressent le matin, avant le rapport, au maréchal-des-logis chef de leur batterie, qui la demande au capitaine commandant, lequel, d'après la conduite de celui qui la sollicite, juge s'il doit l'accorder ou la refuser. Toutes les permissions d'appel du soir sont mentionnées au rapport.

Ces permissions doivent être signées du capitaine commandant et contre-signées par l'adjudant de semaine pour la police du quartier; ceux qui les ont obtenues sont obligés de les rendre eux-mêmes, en rentrant au quartier, au commandant de la garde de police, lequel y inscrit l'heure de leur retour.

Si, dans le courant de la journée, un brigadier ou un canonnier a besoin d'une permission d'appel du soir, qu'il n'ait pu faire demander suivant la règle ordinaire, il s'adresse à son maréchal-des-logis chef, qui en fait la demande à l'officier de semaine; celui-ci est autorisé à l'accorder et à la signer, après s'être assuré qu'elle n'a pu être demandée le matin, et qu'elle a un motif pressant et légitime; il en informe l'adjudant-major de semaine, et le lendemain, au rapport du matin, le maréchal-des-logis chef en rend compte au capitaine commandant.

Permissions permanentes pour le soir aux sous-officiers.

395. Les sous-officiers peuvent sortir pendant une heure après l'appel du soir; mais, à leur rentrée au quartier, ils sont tenus de se présenter au commandant de la garde de police.

Permissions pour découcher sans quitter la garnison.

396. Les permissions pour découcher sans quitter la garnison sont demandées comme celles de l'appel du soir, accordées par le capitaine commandant, et

approuvées par le lieutenant-colonel, d'après l'autorisation du colonel.

Permissions pour quitter la garnison.

397. Les permissions de s'absenter de la garnison sont demandées et accordées comme il est prescrit par l'article 388.

Les brigadiers et canonniers qui en obtiennent de plus de deux jours versent *dix centimes* par jour à l'ordinaire pendant toute la durée desdites permissions. Le surplus de leur solde est versé à leur masse de linge et chaussure.

Les punitions privent de toute permission pendant la semaine.

398. Tout sous-officier, brigadier ou canonnier qui a été puni de la salle de discipline ou de la prison est privé de toute permission pendant le reste de la semaine et le dimanche qui la suit.

PUNITIONS.

Fautes contre la discipline.

399. Sont réputés fautes contre la discipline, et punis comme telles, sui-

vant leur gravité, tout mauvais propos, toute voie de fait envers un subordonné, toute punition injuste;

Tout murmure, tout mauvais propos ou tout défaut d'obéissance de la part d'un inférieur, quelque raison qu'il croie avoir de se plaindre; l'infraction des punitions ordonnées; l'ivresse, pour peu qu'elle trouble l'ordre public ou militaire; tout dérangement de conduite; les querelles entre militaires ou avec des citoyens; le manque aux appels, à l'instruction, aux revues ou aux inspections; les contraventions aux ordres et aux règles de police; enfin, toute faute contre le devoir militaire, provenant de négligence, de paresse ou de mauvaise volonté.

Les fautes sont toujours plus graves quand elles sont réitérées ou habituelles, quand elles ont eu lieu pendant la durée du service, ou lorsqu'il s'y joint quelque circonstance déshonorante ou qui entraîne du désordre.

Tout officier, sous-officier ou brigadier qui rencontre un inférieur pris de vin, occasionant du scandale, troublant la tranquillité publique, ou dans une tenue indécente, doit employer son autorité pour le faire rentrer dans l'ordre, et le punir, s'il y a lieu, sous peine d'être puni lui-même.

Impartialité dans les punitions.

400. Les punitions ne doivent être infligées que par le seul motif d'infraction aux devoirs, et jamais par haine ou par passion. On ne saurait trop s'attacher à connaître toutes les circonstances qui peuvent atténuer ou aggraver les fautes, afin que la justice la plus exacte préside à leur répression; mais aussi nulle faute, surtout si elle est publique, ne doit demeurer impunie.

On ne doit jamais, en infligeant une punition, se permettre des propos outrageans ou avilissans : le calme du supérieur doit faire connaître qu'il n'écoute que la loi du devoir, et qu'il n'a d'autre objet que le bien du service.

PUNITIONS DES SOUS-OFFICIERS.

Causes et espèces des punitions.

412. Pour les fautes de tenue, soit personnelles, soit relatives à leur troupe, les sous-officiers sont punis de la consigne au quartier ou dans leur chambre pendant un mois au plus.

Pour les fautes contre la police ou la discipline intérieure, ils sont punis, selon qu'elles sont plus ou moins graves, de la salle de police pendant un mois, ou de la prison pendant quinze jours, avec réduction au pain et à l'eau, si le cas l'exige, durant tout le temps de la punition ou seulement une partie, en observant néanmoins que sur quatre jours il y en ait deux de subsistances ordinaires.

Pour les fautes plus graves, entre autres celles relatives à leurs devoirs de commandant de la garde de police, ils sont punis du cachot pendant quatre jours, dont deux au pain et à l'eau.

Enfin, lorsque la gravité de la faute l'exige, les sous-officiers peuvent être suspendus de leurs fonctions pendant un temps déterminé, et obligés au service du grade inférieur au leur durant cette suspension; ils peuvent aussi être condamnés à descendre d'un ou de plusieurs grades, ou même être cassés provisoirement et assujettis au service de canonnier. Dans tous les cas, les adjudans ne rétrogradent pas au-delà du grade et des fonctions de maréchal-des-logis.

Par qui sont ordonnées les punitions.

413. La consigne à la chambre, la consigne au quartier, et la salle de police, peuvent être ordonnées aux sous-officiers par tous ceux revêtus d'un grade supérieur au leur. Le capitaine commandant la batterie peut de plus, ainsi que les officiers supérieurs, ajouter à la punition de la salle de police la privation de l'ordinaire pendant le temps permis par l'article précédent.

La prison ne peut être ordonnée que par les officiers supérieurs, par les capitaines commandans et les adjudans-majors, pour tous les sous-officiers du régiment; et par les lieutenans et sous-lieutenans, pour les sous-officiers de leur batterie, quand ils la commandent.

Le cachot ne peut l'être que par le commandant du corps.

Les punitions à infliger aux sous-officiers de l'état-major sont prononcées, pour ce qui regarde leur service respectif, par les officiers qui en ont la direction. Pour le reste, elles le sont par tout supérieur en grade, conformément aux principes de la subordination.

Consignés.

414. Les sous-officiers consignés ne sont dispensés d'aucun service, tant intérieur qu'extérieur. Lorsqu'ils doivent y vaquer, ils en préviennent l'adjudant de semaine, et reprennent leur punition aussitôt après.

Salle de police, prison et cachot.

415. Tout service intérieur et extérieur est interdit aux sous-officiers à la salle de police; mais ils sont exercés

dans les rangs des classes d'instruction que l'adjudant-major de semaine leur assigne. Ils y sont en bonnet de police et avec les marques distinctives de leur grade. Ils se font apporter leurs vivres de leur ordinaire.

En prison ou au cachot, ils sont en veste, capote et bonnet de police, et ils ne sont appelés à aucune espèce de service.

Marques distinctives conservées.

416. Les sous-officiers suspendus de leurs fonctions pour un temps limité conservent les marques distinctives de leur grade.

PUNITIONS DES BRIGADIERS ET CANONNIERS.

Causes et espèces des punitions.

417. Les brigadiers et les canonniers sont punis,

Pour manque aux appels de la journée, pour les fautes légères de chambrée ou d'écurie, de tenue, et contre l'immobilité sous les armes ou à l'instruction, par la consigne au quartier : les canonniers peuvent l'être aussi par une ou plusieurs corvées;

Pour manque aux devoirs de garde d'écurie, par une seconde garde d'écurie après une nuit d'intervalle;

Pour manque au pansage, par plusieurs jours de classe d'instruction;

Pour les fautes contre la propreté personnelle, ou pour négligence dans l'entretien des effets, par un ou plusieurs jours d'inspection avec la garde;

Pour manque à l'appel du soir, pour mauvais propos, désobéissance, querelle, ivresse, etc., par la salle de police simple ou avec réduction au pain et à l'eau. Enfin, pour des cas plus graves, par la prison, ou même par le cachot, avec condamnation au pain et à l'eau, selon qu'il y a lieu; les brigadiers peuvent, en outre, être suspendus de leurs fonctions ou cassés, ainsi qu'il est dit pour les sous-officiers à l'article 412.

Il ne peut être infligé au-delà de quinze jours de prison, ni plus de quatre jours de cachot. La réduction au pain et à l'eau ne doit avoir lieu qu'en observant ce qui est prescrit à l'article 412.

Tout homme légèrement pris de boisson, et qui ne trouble pas l'ordre et la tranquillité, est seulement consigné au quartier jusqu'au soir.

Quand le travail des ateliers est pressé, le retard des ouvriers du corps, soit à se trouver à l'appel du soir, soit à rentrer à l'heure fixée par leur permission, au lieu d'être puni de la détention, est puni d'une amende de *quinze centimes* par chaque quart d'heure. Cette retenue, exercée au profit de l'ordinaire, est payée tous les samedis, par les soins de l'officier d'habillement, sur le bon du maréchal-des-logis chef, visé par l'adjudant de semaine, d'après vérification du registre de la garde de police.

Les canonniers qui, sans avoir commis de délits qui les rendent justiciables des conseils de guerre, persévèrent néanmoins, par des fautes et contraventions qui ne peuvent plus être réprimées par les peines de simple discipline, à porter le trouble et le mauvais exemple dans le régiment, sont désignés au Ministre secrétaire d'état de la guerre pour être incorporés dans les *Compagnies de discipline*.

Par qui sont ordonnées les punitions.

418. Les corvées, la consigne au quartier, l'inspection avec la garde, les différentes classes d'instruction, les gardes d'écurie, la salle de police, peuvent être ordonnées par les autorités de tout grade.

La salle de police, avec condamnation au pain et à l'eau, et la prison, peuvent l'être par les officiers de la batterie, par tout capitaine commandant, par les adjudans-majors, et par les officiers supérieurs.

Le cachot ne peut l'être que par le commandant du régiment ou du détachement.

L'envoi aux compagnies de discipline est prononcé par le Ministre secrétaire d'état de la guerre, sur la proposition d'un conseil de discipline, et après les formalités détaillées dans l'article 421.

Consignés.

419. Les brigadiers consignés sont désignés à la garde de police; les canonniers consignés portent leur veste ou gilet retourné: les uns et les autres ne sont dispensés d'aucune espèce de service. Ils ne peuvent sortir qu'avec l'assentiment de l'adjudant de semaine pour la police du quartier, et sous l'escorte d'un sous-officier, si c'est un brigadier; d'un brigadier, si c'est un canonnier.

Salle de police, prison et cachot.

420. Les brigadiers ou canonniers détenus à la salle de police, en prison ou au cachot, y sont en tenue d'écurie ou de travail; quand la saison l'exige, il leur est permis d'y porter leur capote.

Punis de la salle de police, ils sont exercés tous les jours à telle classe d'instruction que juge à propos l'adjudant-major de semaine; les canonniers sont de plus employés à toutes les corvées du quartier Les uns et les autres ne sont dispensés d'aucun service; ils reprennent leur punition au retour, ce dont les sous-officiers et brigadiers de semaine restent responsables.

Les brigadiers ou canonniers en prison ou au cachot ne font pas de service.

A la salle de police, en prison ou au cachot, ils sont entièrement privés de leurs deniers de poche; et sur cette portion de solde il est versé à l'ordinaire, pendant toute la durée de leur punition, dix centimes par jour pour les brigadiers, et cinq centimes pour les canonniers : ce prélèvement effectué, le surplus est versé à la masse de linge et chaussure. Les jours où ils doivent être au pain et à l'eau, il leur est fourni une double ration de pain aux frais de l'ordinaire. (*Décision du* 22 *novembre* 1829.)

Tout brigadier ou canonnier des batteries à cheval ou montées détenu doit, à sa sortie, panser un cheval de corvée, s'il y en a, autant de jours qu'on a pansé le sien pendant sa punition. Les sous-officiers de semaine surveillent particulièrement cet objet.

Envoi aux compagnies de discipline.

421. Lorsqu'un capitaine commandant juge qu'un canonnier de sa batterie se trouve dans le cas d'être envoyé dans une des compagnies de discipline, d'après les dispositions des articles 417 et 418, il en fait son rapport par écrit à son chef d'escadron, en relatant les fautes ou contraventions du canonnier, les peines de simple discipline qui lui ont été infligées, et les récidives qui donnent à sa conduite habituelle un caractère de persévérance dangereux pour l'ordre et la police du corps.

Le rapport, visé par le chef d'escadron, est adressé au commandant du régiment, qui convoque un conseil de discipline composé d'un chef d'escadron, des trois plus anciens capitaines commandans, et des trois plus anciens lieutenans en premier du régiment, pris hors de la division de batteries à laquelle appartient le militaire inculpé.

Le chef d'escadron sous les ordres duquel se trouve la batterie dont le canonnier fait partie, le plus ancien adjudant-major et le capitaine commandant de ladite batterie sont consultés; et lorsqu'ils se sont retirés, le canonnier est entendu dans ses défenses. Le conseil rédige ensuite son avis motivé, qui est remis au chef du corps, et transmis par lui, avec son opinion particulière, au maréchal-de-camp sous les ordres duquel se trouve le régiment. Le maréchal-de-camp l'adresse, avec son avis, au général commandant la division, qui transmet au Ministre secrétaire d'état de la guerre toutes les pièces avec ses observations. Le ministre prononce et fait connaître sa décision par l'intermédiaire de l'officier général commandant la division.

DISPOSITIONS COMMUNES AUX PUNITIONS DES SOUS-OFFICIERS, BRIGADIERS ET CANONNIERS.

Compte à rendre des punitions. — Élargissement.

422. Tout officier ou sous-officier est tenu de rendre compte, le plus tôt pos-

sible, au grade immédiatement supérieur, des punitions qu'il a ordonnées. Elles sont détaillées sur la feuille du rapport général de chaque jour. Le commandant du régiment ou du détachement peut les restreindre, les infirmer ou les augmenter.

Lorsque les officiers ou sous-officiers d'état-major punissent un sous-officier, un brigadier ou un canonnier appartenant à une batterie, ils doivent en faire prévenir le capitaine commandant par un sous-officier.

Les officiers des batteries qui punissent un homme d'une autre batterie en informent son capitaine ; les sous-officiers et brigadiers en informent le maréchal-des-logis chef.

La marche tracée pour les comptes à rendre des punitions doit être observée pour demander l'élargissement des hommes punis. Ces demandes, faites par ceux qui ont ordonné les punitions, sont insérées au rapport journalier, et le commandant du corps statue.

PUNITIONS DANS LES CAMPS ET CANTONNEMENS.

423. Les punitions, tant des officiers que des sous-officiers, brigadiers et canonniers, indiquées ci-dessus pour les garnisons, sont les mêmes pour les cantonnemens, et elles sont analogues pour les camps : ainsi les corvées du quartier sont celles du camp ; les arrêts dans la chambre ont lieu dans la tente ou baraque ; la salle de police est la garde de police ; la prison, celle du lieu ou du quartier-général.

FORMES POUR SUSPENDRE ET POUR CASSER DES SOUS-OFFICIERS ET DES BRIGADIERS ET ARTIFICIERS.

Par qui ces punitions sont prononcées.

424. Le colonel, ou, en son absence, le commandant du régiment, suspend de leurs fonctions, pour un temps déterminé, les sous-officiers, brigadiers et artificiers, sur la proposition, soit du capitaine commandant, soit du chef

d'escadron, ou sur celle du major, si les motifs concernent l'administration. Ce pouvoir appartient encore à tout commandant de batterie ou de détachement s'administrant soi-même.

A moins de circonstances majeures et inopinées, le colonel ne fait descendre à un grade inférieur, ou ne casse provisoirement un sous-officier ou un brigadier, pour le remettre simple canonnier, que sur la proposition du capitaine commandant, l'avis du chef d'escadron et celui du lieutenant-colonel; l'avis du major remplace celui du lieutenant-colonel, si les motifs concernent l'administration. Cette dernière punition, qui porte atteinte à toute la carrière militaire des individus, ne doit s'employer qu'avec la plus grande circonspection, et pour des cas très-graves ou l'incorrigibilité bien reconnue; elle est toujours l'objet d'un rapport motivé du colonel au maréchal-de-camp commandant l'école. A ce rapport doit être jointe copie de la plainte du capitaine et de l'avis indispensable des deux officiers supérieurs qui ont déterminé le colonel à prononcer et à faire exécuter la punition. Le colonel soumet au lieutenant-général inspecteur général, lors de sa tournée, ce rapport et les pièces à l'appui ; l'inspecteur général confirme ou annulle la punition, ayant préalablement pris l'avis du maréchal-de-camp commandant l'école.

Dans l'intervalle d'une inspection à l'autre, sur la demande du colonel, transmise par le maréchal-de-camp commandant l'école, avec les pièces à l'appui, le lieutenant général commandant la division peut casser définitivement les sous-officiers, brigadiers et artificiers qui auront provoqué cette mesure de rigueur. (*Décision royale du 14 juin 1820.*)

Le colonel ne fait descendre un adjudant au grade de maréchal-des-logis chef ou de maréchal-des-logis que sur le rapport du plus ancien adjudant-major, approuvé par le plus ancien chef d'escadron et par le lieutenant-colonel. La punition n'est définitive qu'après l'approbation de l'inspecteur général.

Les sous-officiers et brigadiers membres de la Légion d'honneur ne peuvent être cassés que d'après l'autorisation du Ministre secrétaire d'état de la guerre, sur la proposition de l'inspecteur général; jusque-là ils peuvent être suspendus de leurs fonctions.

Comment elles sont exécutées.

425. Les suspensions sont mises à l'ordre, ainsi que les cassations; mais quand celles-ci sont définitives, elles sont prononcées en présence de la troupe, d'une manière analogue aux réceptions.

Quand un sous-officier ou un brigadier descend à un grade inférieur, l'ordre annonce seulement qu'il remettra ses galons, et il ne paraît pas devant la troupe.

Pour y être cassé, il y paraît sans être décoré.

Tout sous-officier ou brigadier cassé définitivement passe dans une autre batterie; il y prend son rang d'ancienneté.

Les sous-officiers et brigadiers suspendus de leurs fonctions, et ceux cassés provisoirement, continuent à recevoir leur solde.

A moins que, d'après les dispositions de l'article 453, le colonel n'en décide autrement, les sous-officiers suspendus vivent à leur ordinaire accoutumé; ceux cassés provisoirement vivent seuls et tirent leur subsistance du même ordinaire.

RÉCLAMATIONS.

Réclamations par suite de punitions.

426. Comme il peut arriver que des rapports inexacts, des informations mal prises, ou des motifs particuliers étrangers au service, dictent des punitions injustes ou trop sévères, les réclamations qui peuvent être portées sont admises de la manière suivante :

Tout officier, sous-officier, brigadier ou canonnier, recevant l'ordre d'une punition, doit d'abord s'y soumettre;

ensuite il peut adresser sa réclamation à l'officier ou au sous-officier immédiatement supérieur à celui qui l'a puni, pour qu'elle soit transmise, de grade en grade, jusqu'à l'autorité qui doit juger si elle est à admettre ou à rejeter : cette autorité est, à l'égard des sous-officiers, brigadiers et canonniers, le capitaine de la batterie; à l'égard des officiers, le chef d'escadron ou le lieutenant-colonel, ou le major, si c'est pour objet d'administration. Si la réclamation est admise, et si la punition doit être levée ou abrégée, le commandant du corps prononce.

Cette marche hiérarchique pouvant apporter du retard dans l'effet des réclamations qu'on se croit fondé à présenter, tout militaire puni a encore la faculté de s'adresser directement au capitaine commandant la batterie, et, dans un cas extraordinaire ou important, au chef d'escadron, ou au major si c'est pour objet d'administration, au lieutenant-colonel, et même au colonel.

Les réclamations relatives aux punitions de fautes commises pendant le service doivent être adressées de préférence aux adjudans, aux adjudans-majors et aux officiers supérieurs de semaine.

En aucun cas, un homme dans l'état d'ivresse ne peut être entendu.

S'il est du devoir des officiers et des sous-officiers d'écouter avec bonté les réclamations qui leur sont portées, et d'y faire droit après en avoir reconnu la légitimité, ils doivent aussi prolonger du double la punition contre laquelle on aurait réclamé sans de justes motifs.

L'officier ou le sous-officier qui aurait puni mal-à-propos est puni lui-même, suivant l'exigence du cas.

Réclamations relatives à des effets d'habillement ou autres.

427. Quand un sous-officier, brigadier ou canonnier croit avoir à se plaindre de la qualité d'un effet qui lui a été donné, soit à son compte, soit à celui du corps, il doit s'empresser de le présenter à son capitaine pour se faire rendre justice, et même aux officiers

supérieurs, s'il y a lieu, notamment au major.

Momens indiqués pour s'adresser au colonel.

428. Tout sous-officier, brigadier ou canonnier qui aurait à faire une réclamation au colonel, ou à lui parler pour un autre objet, doit, autant que possible, saisir pour cela le moment qui suit ses inspections à pied ou de chambrée, et s'adresser préalablement à l'adjudant qui est près de lui dans ces instans. Si, pour des raisons particulières, il est nécessaire de l'entretenir chez lui, ce doit être après la parade, et le réclamant est accompagné d'un sous-officier à son choix.

Réclamations aux généraux et aux intendans militaires.

429. Les officiers de tout grade, les sous-officiers, brigadiers et canonniers, peuvent adresser des réclamations par écrit aux généraux sous les ordres desquels se trouve le régiment, et aux intendans ou sous-intendans militaires

pour ce qui concerne l'administration. Toutefois, ils ne peuvent s'adresser aux officiers généraux ni aux intendans ou sous-intendans militaires, qu'après avoir réclamé auprès de leur colonel, à moins que la réclamation ne le concerne particulièrement. Si la plainte n'est pas fondée, celui qui l'a formée est puni sévèrement.

ASSIETTE DU LOGEMENT. — CASERNEMENT.

Logement des batteries.

432. Soit que le régiment, ou chacune de ses batteries, occupe des casernes ou des bâtimens séparés, soit qu'ils logent chez l'habitant, le logement doit toujours être assis selon l'ordre des numéros des batteries, et, dans les batteries, selon le rang des sections et pièces; enfin, autant que possible, les canonniers servans et les canonniers conducteurs seront distribués dans chaque chambrée.

Les brigadiers logent avec les hommes de leur pièce.

Le maréchal-des-logis chef et le fourrier (les fourriers dans les batteries montées) logent ensemble dans une chambre particulière située, autant que possible, au centre de la batterie. Lorsque les localités le permettent, le maréchal-des-logis chef peut avoir une chambre particulière, surtout dans les batteries qui ont deux fourriers, lesquels logent alors ensemble.

Les maréchaux-des-logis logent ensemble. Néanmoins le maréchal-des-logis préposé aux détails des dépenses d'écurie, sous l'officier qui en est chargé, ayant la garde des lampes et d'un approvisionnement d'objets d'écurie, doit loger seul autant que possible.

Dans les casernes, les escaliers et corridors sont marqués des lettres ou numéros des batteries; les chambres sont numérotées selon leur rang dans les corridors. Le fourrier place sur la porte de chaque chambre les noms de ceux qui l'occupent.

Logement des sous-officiers d'état-major et des maîtres-ouvriers.

433. Les adjudans ont chacun une chambre, quand cela est possible, sinon ils logent deux par deux.

Les vétérinaires logent ensemble; il en est de même du trompette maréchal-des-logis et du trompette brigadier.

Lorsque le régiment occupe deux quartiers, les adjudans, les vétérinaires et les chefs trompettes sont distribués dans les deux quartiers, si cela est jugé nécessaire par le lieutenant-colonel.

Le vaguemestre loge seul, et toujours au quartier où se trouve l'état-major.

Les maîtres-ouvriers doivent être logés dans leurs ateliers; si le local ne le permet pas, ils en sont logés le plus près possible.

TABLES.

TABLES DES SOUS-OFFICIERS.

Formation des tables.

444. Les adjudans et les maréchaux-des-logis chefs vivent ensemble dans une

pension dont le prix est proportionné à leurs facultés. Les maréchaux-des-logis et les fourriers vivent également ensemble.

Les sous-officiers peuvent, avec l'autorisation du lieutenant-colonel, se choisir des cuisiniers parmi les canonniers, en les payant, et du consentement des commandans des batteries auxquelles ces hommes appartiennent. Ils peuvent encore prendre des personnes étrangères au régiment, pourvu que ce soient des hommes ou des femmes âgées.

En détachement.

445. En détachement, quand les sous-officiers ne peuvent vivre séparément, ils vivent à l'ordinaire des pièces, en donnant par jour *sept centimes et demi* de plus que le canonnier, moyennant quoi il leur est mis de la soupe à part, et ils sont exempts de toute corvée d'ordinaire.

Surveillance des adjudans.

446. Les adjudans surveillent et dirigent, sous les adjudans-majors, tout ce qui regarde les tables des sous-officiers,

et exigent que les dépenses en soient régulièrement payées.

DETTES.

DETTES DES SOUS-OFFICIERS, BRIGADIERS ET CANONNIERS.

Vigilance des officiers.

452. Les officiers, et surtout les commandans des batteries, doivent employer une grande vigilance à empêcher leurs sous-officiers, brigadiers et canonniers de faire des dettes. Ceux qui en contractent sont punis avec sévérité, suivant l'exigence du cas.

Dettes des sous-officiers.

453. Celles des sous-officiers sont, autant que possible, payées au moyen de retenues sur leur solde, suivant les principes établis ci-dessus pour les officiers; encore bien que leurs créanciers puissent être privés de ce recours, si elles ont été contractées sans l'approbation du commandant de leur batterie.

Quand de pareilles retenues sont ordonnées, le colonel peut prescrire que les sous-officiers qui doivent les subir vivent séparément, et tirent leur subsistance de l'un des ordinaires de la batterie, en y versant *sept centimes et demi* de plus que le canonnier.

Dettes des brigadiers et canonniers.

454. Quant aux brigadiers et canonniers, il leur est interdit de contracter, sous quel prétexte que ce soit, aucune espèce d'emprunt, dette ou engagement, sans l'approbation du commandant de la batterie, qui, dans ce cas, en est responsable : hors cette seule exception, le créancier est sans recours sur leur solde. C'est aux habitans, prévenus de ces dispositions par les bans publiés à l'arrivée de la troupe, à ne pas s'exposer à des pertes, et à ne pas contribuer au dérangement des militaires par une blâmable facilité.

Les adjudans sont chargés de faire informer plus particulièrement de ces dispositions les maîtres des auberges fréquentées par les canonniers.

Poursuites judiciaires.

455. Les principes établis à l'article 450 ci-dessus, à l'égard des poursuites civiles en recouvrement des créances, sont applicables à celles contractées par les sous-officiers, brigadiers et canonniers.

ROUTES DANS L'INTÉRIEUR.

DISPOSITIONS PRÉLIMINAIRES.

Promenades militaires.

456. Pour disposer les hommes et les chevaux à la route, et reconnaître les réparations qu'elle rendrait nécessaires au harnachement, on fait, le sixième, le quatrième et le deuxième jours avant le départ, des promenades militaires en armes et bagages, le sac ou le portemanteau contenant tous les effets dont le canonnier doit être pourvu conformément aux réglemens. Les batteries à cheval et montées font ces promenades avec leur matériel.

Adjudant-major partant avant le régiment.

457. Deux ou trois jours avant que le régiment se mette en route, l'adjudant major qui n'est pas de semaine part pour faire dans chaque gîte les dispositions suivantes :

1.° Il se présente, à son arrivée, chez les officiers généraux employés, chez le commandant de place, le sous-intendant militaire et le maire, et remet aux trois derniers une situation numérique conforme à celle établie sur la feuille de route ;

2.° Il fait préparer le logement de manière à ce que tous les officiers, sous-officiers et canonniers de la même batterie soient logés, autant que possible, dans la même rue ou le même quartier, et dans les batteries montées, à portée de leurs chevaux ; et les chefs d'ordinaires, dans des maisons où la soupe puisse se faire et se manger commodément et à l'avantage du canonnier.

3.° Il invite le maire de chaque endroit à ne délivrer des billets de logement que pour les habitans présens dans leur domicile;

4.° Il fait désigner, pour les chevaux des hommes de service, une écurie voisine, autant que faire se peut, du corps-de-garde de police;

5.° Il se fait indiquer un emplacement pour parquer le matériel, et un corps-de-garde particulier, si celui de police en est trop éloigné.

6.° Il fait préparer les denrées nécessaires pour la consommation du régiment, et il passe, à cet effet, en présence de l'intendant ou sous-intendant militaire et du maire, les marchés pour la viande et le pain de soupe, en se conformant aux réglemens sur ces objets; les marchés pour les subsistances doivent toujours exprimer que les distributions se feront par pièce, et, autant que possible, dans chaque cantonnement, si le corps est divisé;

7.° Il demande les voitures nécessaires pour le transport des équipages, et dont le nombre est fixé par les réglemens;

8.° Avant son départ de chaque gîte, il laisse à la mairie, pour le major, une lettre par laquelle il l'informe des mesures prises pour le logement, et à laquelle il joint les marchés passés pour les subsistances.

Si quelque partie de la troupe doit être détachée en arrière ou sur les côtés du lieu d'étape, il prend les mesures nécessaires pour que le commandant du corps en soit prévenu au gîte précédent; il lui indique en même temps les points où les détachemens doivent se séparer du corps, et ceux où ils peuvent rejoindre le lendemain.

Lorsque le régiment doit faire séjour, il attend le trésorier pour prendre connaissance des mutations survenues, et pour être relevé si la semaine de service de l'autre adjudant-major est écoulée, toutefois le colonel est libre de le continuer dans sa mission.

Tenue.

458. L'ordre du jour de l'avant-veille du départ prescrit la tenue pour la route.

Dès le moment du départ, et jusqu'au lendemain de l'arrivée à la destination, les officiers, excepté l'adjudant-major de semaine, sont libres, après leur dîner, d'être en tenue du matin, et de vaquer ainsi à leurs devoirs, à moins qu'il n'en soit autrement ordonné à raison de circonstances particulières, telles que passage dans une grande ville, etc.

Emballage des effets à transporter. — Contrôles et états pour la route.

459. Les armes qui doivent être transportées sont placées dans les caisses destinées à les recevoir.

Les effets qui ne doivent point entrer dans le porte-manteau, et qu'on permet de conserver, sont réunis en un paquet par chambrée; on en fait ensuite, par batterie, un ballot, dans lequel on renferme aussi les effets qui appartiennent à la batterie en général. Ce ballot est ficelé, étiqueté, et mis au magasin, où il en est pris note.

Chaque maréchal-des-logis chef remet chez l'officier d'habillement, dans une caisse préparée à cet effet, ses livres et papiers de comptabilité, de même que tous les livres de théorie, le tout ficelé et étiqueté par batterie; il ne conserve qu'un cahier portatif contenant les deux contrôles de la batterie, l'un par ancienneté, l'autre selon la formation des pièces et par camarades de lit; cahier où il inscrit en outre les mouvemens, le prêt, les distributions quelconques. Il a soin de préparer d'avance les états qui peuvent lui être demandés pendant la route, tels que feuilles d'appel, de linge et chaussure, de grand et petit équipement, de harnachement, etc.

Soins des capitaines pour la chaussure et la ferrure.

460. Les capitaines doivent s'assurer par eux-mêmes du bon état de la chaussure et faire réparer avant le départ toute celle qui a besoin de l'être; chaque homme non monté devant avoir, autant que possible, au moins une paire de bons souliers dans le sac, outre ceux qu'il a aux pieds. Les souliers neufs ou

réparés doivent avoir été portés au moins une fois pour les essayer. Les capitaines commandant les batteries montées et à cheval doivent s'assurer en outre du bon état de la ferrure et faire remettre à chaque canonnier monté, servant ou conducteur, par les maréchaux ferrans, deux fers forgés avec les clous nécessaires, et, autant que possible, pour les pieds dont les fers déjà anciens sont présumés devoir manquer plus tôt. Les canonniers demeurent responsables de ce dépôt envers les maréchaux.

Cuisiniers.

461. Dans les batteries à cheval, les cuisiniers sont pris parmi les hommes non montés, ce qui continue d'avoir lieu pendant la route, autant que faire se peut.

LOGEMENT ET AVANT-GARDE.

Composition et départ du logement.

462. Le logement part deux heures avant le régiment, c'est-à-dire au boute-selle, composé :

Des deux adjudans de semaine qui, pendant la route, doivent être pris l'un parmi les adjudans montés, l'autre parmi ceux qui ne le sont pas; l'un des adjudans conduit la portion à cheval du logement, et l'autre les hommes à pied;

Des fourriers, ayant avec eux chacun un canonnier;

De la garde montante.

Les capitaines de semaine partent avec le logement, chacun en commandant, pendant la marche, la partie qui appartient aux batteries pour lesquelles il est de service.

Le trésorier part aussi avec le logement.

Détails à son arrivée.

463. Dès son arrivée, le trésorier se rend chez le commandant de place, ou à défaut chez le maire, ainsi que chez l'intendant ou le sous-intendant militaire, afin de les prévenir de l'heure présumée de l'arrivée du régiment, etc Il prend l'ordre pour les voitures que l'adjudant-major doit, à son passage, avoir demandées pour le lendemain.

De son côté, le capitaine de semaine va reconnaître les denrées et le lieu des distributions. S'il ne trouve pas les qualités conformes aux marchés, et les poids et mesures justes, il en avertit le commandant de la place, ou, à son défaut, le maire, ainsi que l'intendant ou le sous-intendant militaire, s'il y en a, afin qu'il soit fait droit à ses réclamations assez promptement pour éviter tout retard dans les distributions.

Quand le major est présent, il marche avec le logement, ou il le précède immédiatement : il dirige, supérieurement aux officiers qui en sont chargés, les détails du logement et des subsistances; il fait personnellement toutes les démarches que le bien du service peut rendre nécessaires.

Devoirs des adjudans avant l'arrivée du corps.

464. Arrivés au gîte, et après s'être assurés à l'hôtel-de-ville que le logement est fait conformément aux principes établis en l'article 457, les adjudans partagent les devoirs suivans :

Former un état général et sommaire du logement, pour être remis au major; distribuer ensuite les billets aux fourriers, à l'exception de ceux du grand et du petit état-major, et avec l'attention de conserver l'ordre des numéros des batteries;

Visiter les logemens destinés au colonel et au lieutenant-colonel;

Reconnaître le corps-de-garde de police, celui du parc, et l'emplacement du parc lui-même; installer la garde, et faire poser une sentinelle au logement du colonel;

Reconnaître les abreuvoirs, et les endroits le plus convenables pour les divers rassemblemens;

Donner au commandant de la garde de police, qui est chargé de les distribuer, les billets du petit état-major, ainsi que ceux des hommes aux équipages, que les fourriers ont dû remettre aux adjudans;

Enfin, envoyer au-devant des équipages un canonnier de garde, pour les guider au lieu où ils doivent se rendre;

Cela fait, aller au-devant du corps, pour le conduire sur la place; transmettre les ordres du commandant de place et les instructions de l'intendant ou sous-intendant militaire, pour la revue d'arrivée et pour les distributions; remettre aux officiers de l'état-major les billets qui leur sont destinés;

Faire remettre au commandant de la garde de police l'indication du logement des officiers d'état-major, des chirurgiens, des adjudans et des vétérinaires.

Lorsque le régiment marche en plusieurs colonnes, ou dans les batteries à cheval et montées organisées sur le pied de guerre, l'adjudant chargé du logement remplit seul les fonctions qui viennent d'être détaillées.

Devoirs des fourriers.

465. Aussitôt que les fourriers ont reçu les billets de logement pour leur batterie, ils vont visiter les logemens destinés à leurs officiers; ils logent un trompette dans la même maison que le maréchal-des-logis chef, ou très-près de

lui. Dans les batteries montées, ils vérifient si les écuries peuvent contenir le nombre de chevaux marqué sur les billets; ils en désignent une pour les chevaux écloppés; ils logent les hommes le plus près possible de leurs chevaux.

Ils inscrivent au dos des billets les noms des hommes auxquels ils sont destinés, ayant soin de réserver à des hommes d'une même pièce les billets qui portent plus de deux places. A cet effet ils doivent avoir, outre le contrôle général de la batterie, un contrôle par pièce et par camarade de lit.

Ils inscrivent sur un cahier, qu'ils ont toujours avec eux, le logement des officiers et celui de la batterie, et dans les batteries montées et à cheval, l'indication des écuries et le nombre de chevaux que chacun doit contenir; ils remettent au corps-de-garde de police l'indication des logemens du capitaine commandant et du maréchal-des-logis chef.

Ils dressent un état général du logement, qui reste entre les mains du maréchal-des-logis chef, et que celui-ci communique au capitaine commandant; ils en établissent un sommaire pour l'officier de chaque demi-batterie, portant l'indication de la rue, des maisons, ainsi que celle du logement du capitaine et du maréchal-des-logis chef; ces états sont tracés, et les noms y sont inscrits avant le départ et pendant les séjours, de manière qu'on n'ait plus à y ajouter que les indications locales.

Ils se rendent ensuite sur la place d'armes pour y attendre leur batterie et la conduire au logement, ainsi qu'il est dit à l'article 478.

Dans les batteries à cheval et montées, ils emploient, pour reconnaître les grandes écuries et y conduire les pièces ou sections qui doivent les occuper, les hommes à pied arrivés avec le logement, ou les canonniers qui les ont suivis personnellement.

HOMMES A PIED MALADES, CHEVAUX ÉCLOPPÉS.

466. Les hommes malades ou écloppés qui ne peuvent trouver place sur les

voitures d'équipage, y mettent d'avance leurs sacs ou porte-manteaux, après en avoir obtenu la permission ; ils partent en même temps que le logement, sous la conduite d'un sous-officier désigné à cet effet. Les hommes à pied des batteries à cheval, les chevaux éclopés des mêmes batteries, ceux des batteries montées, ainsi que les chevaux qui seraient encore au détachement de remonte, conduits aux rendez-vous par les maréchaux-des-logis ou brigadiers de semaine à tour de rôle, partent aussi en même temps que le logement, sous la conduite d'un maréchal-des-logis. Tous se rendent sur la place du nouveau gîte, où les fourriers leur distribuent les logemens. Si, avant d'entrer dans la ville, ils sont rejoints par le corps, ils marchent à sa suite.

Lorsqu'il doit y avoir une revue de subsistance, ils attendent sur la place l'arrivée du régiment.

A l'arrivée des équipages, les malades ou éclopés sont visités et pansés, si besoin est, au corps-de-garde de police, ou, s'il se peut, dans une salle de la mairie, par le chirurgien-major assisté d'un de ses aides.

Le vétérinaire en second marche avec les chevaux éclopпés, qui, en arrivant au gîte, sont placés dans une écurie désignée d'avance par l'adjudant. Les hommes qui les pansent sont exempts de service, et sont logés dans les maisons qui fournissent les écuries, ou du moins le plus près possible. S'il est nécessaire, ils font ordinaire ensemble, et, dans ce cas, on leur attache un brigadier.

RASSEMBLEMENT ET DISPOSITIONS POUR LE DÉPART.

Rassemblemens.

467. Le colonel réglera les heures du départ des batteries à cheval, montées et non montées, de manière à ce qu'elles soient pendant la route parfaitement indépendantes les unes des autres, et en fixant pour la marche de chacune le temps le plus convenable à sa composition particulière.

Trois heures avant le départ de la dernière colonne, on sonne le réveil; à ce signal, on donne à déjeûner aux chevaux.

Une demi-heure après on sonne le boute-selle; à ce signal, on fait le pansage; ensuite on selle et on garnit les chevaux. Le logement, les hommes à pied des batteries à cheval, et les éclopés des autres batteries, se réunissent, ainsi qu'il a été dit aux articles 462 et 465.

Une heure et demie après le boute-selle, on sonne le boute-charge; à ce signal on charge : s'il fait mauvais temps on trousse la queue des chevaux.

Enfin, une demi-heure avant le départ des batteries à cheval et montées, on sonne à cheval; à ce dernier signal on bride. Une demi-heure aussi avant le départ des batteries non montées, on sonne un appel qui indique le moment de la réunion de ces batteries, à moins qu'on ne soit convenu que ce signal serait donné par une des sonneries préparatoires.

Les batteries montées et à cheval se réunissent d'abord par écurie ou par pièce, lorsque les chevaux sont dispersés, à l'endroit où la veille les pièces ont mis pied à terre; les pièces sont amenées par leurs chefs au rassemblement de la batterie. Dans les batteries non montées, on se rend directement au lieu où les batteries ont rompu la veille; les brigadiers, maréchaux-des-logis, et officiers de demi-batterie, font rapidement leur inspection. Le maréchal-des-logis chef réunit la batterie, fait l'appel, et s'il manque quelqu'un, il envoie de suite un sous-officier au logement de l'absent; si on ne le trouve pas, il remet son nom au commandant de l'arrière-garde. Le capitaine fait son inspection pendant l'appel.

Les batteries sont conduites toutes formées au lieu de la réunion générale. La batterie qui doit prendre l'étendard va le chercher pour le conduire au rassemblement; elle peut même, pour le recevoir immédiatement, s'assembler devant le logement du colonel.

Le corps étant rassemblé, l'adjudant-major reçoit des maréchaux-des-logis chefs, au signal qu'il fait donner, les rapports des batteries, les rend au chef d'escadron de semaine, et celui-ci au lieutenant-colonel, qui fait le sien au colonel. Les capitaines font directement le leur au chef d'escadron sous les ordres duquel sont les batteries.

Les officiers supérieurs passent une inspection d'ensemble pendant la réunion et le rapport, si cela ne retarde pas le départ, autrement ils la font pendant la marche.

Arrière-garde.

468. L'arrière-garde se compose, en tout ou en partie, de la garde descendante; elle fournit les hommes que l'on jugerait nécessaire d'ajouter à celle des équipages. Elle est commandée par un officier.

Ce commandant fait arrêter tous les hommes qu'il rencontre sans permission valable, et spécialement ceux qui lui auraient été désignés pour avoir manqué à l'appel. Dans cette vue, il fait ou fait faire une ou plusieurs patrouilles, qui visitent avec diligence les divers quartiers de la ville, et particulièrement les logemens ou cabarets dans lesquels ces militaires peuvent s'être arrêtés.

Avant de se mettre en route, il prend à la mairie le certificat de bien vivre.

L'arrière-garde prend sous son escorte les prisonniers qui lui ont été laissés au corps-de-garde de police, et ceux qui auraient été déposés dans les prisons du lieu. Elle les conduit, ainsi que les hommes à pied qui lui sont consignés et ceux qu'elle aurait arrêtés, et ne laisse personne derrière elle.

En arrivant au gîte, il remet les prisonniers à la garde de police.

En outre de l'arrière-garde générale, chaque colonne emploie, pour empêcher que personne ne reste en arrière, une arrière-garde particulière, formée d'un maréchal-des-logis et de quatre canonniers fournis par la batterie qui est à la queue de la colonne.

DÉPART ET MARCHE.

Tête de colonne. — Heure de départ.

469. Dans chaque colonne, les batteries tiennent alternativement la tête.

Les batteries à cheval et montées marchent avec leur matériel disposées comme le prescrit le réglement sur le service de l'artillerie en campagne pour les marches de route.

La marche de nuit étant trop fatigante pour les chevaux, ces batteries ne se mettent pas ordinairement en route avant le jour; et lorsque le trajet doit être court, elles partent plus tard, pour laisser plus de repos aux canonniers et aux chevaux.

Petite avant-garde.

470. La batterie qui tient la tête de chaque colonne fournit un brigadier et quatre canonniers pour petite avant-garde; deux des canonniers marchent les premiers, à quinze pas en avant du brigadier qui, suivi des deux autres, marche à cinquante pas en avant des trompettes.

Cette petite avant-garde est chargée des canonniers montés mis à pied pour une partie de la journée seulement; elle ne laisse passer en avant aucun sous-officier, brigadier ou canonnier.

Place et service des trompettes.

471. Les trompettes des batteries composant chaque colonne marchent réunis à la tête de leurs colonnes respectives, excepté le trompette de garde, qui suit le commandant du régiment. Ils sonnent toutes les fois qu'on passe dans une ville et dans un bourg ou village.

Dans les marches de nuit, il y en a toujours un à chaque batterie, dans le but de sonner des appels, qui sont répétés jusqu'à la tête du régiment, si l'obscurité ou la difficulté des chemins arrête la marche. Il est en outre détaché un officier pour instruire le commandant de la colonne du sujet du retard. Dès qu'on peut se remettre en route, on sonne des couplets de marche, qui sont aussi répétés jusqu'à la tête.

Départ.

472. Rompant par deux ou marchant par le flanc, suivant qu'elle est à cheval ou à pied, la troupe se met en marche en bon ordre; les hommes montés, excepté ceux qui ont deux chevaux, ayant le sabre en main; ceux à pied, l'arme au bras; les trompettes sonnent la marche et des fanfares. Lorsque la troupe est hors du lieu où elle a couché, on fait remettre le sabre et porter l'arme à volonté.

Allures pendant la marche.

473. On doit toujours commencer la route d'un pas modéré; on augmente progressivement la vîtesse lorsque l'ordre de marche est bien établi. Après quoi les officiers qui conduisent la tête des batteries doivent toujours soutenir le même pas, sans chercher à maintenir ou à regagner leur distance; en suivant ce principe, ils la reprennent naturellement et sans à-coup.

Pendant la marche, les officiers et

sous-officiers veillent à ce que les canonniers soient tranquilles dans le rang, à ce qu'ils n'en sortent pas sans ordre ou sans permission; ils veillent également à ce que les hommes montés soient d'aplomb sur leurs chevaux.

Haltes.

474. Lorsque le corps doit s'arrêter, la tête ralentit son allure pour rétablir les intervalles, afin qu'au demi-appel chaque batterie s'arrête sur le terrain qu'elle doit occuper.

La première halte doit avoir lieu trois quarts d'heure après le départ; les autres, d'heure en heure, et toujours à quelque distance des villages ou habitations, pour ôter aux canonniers l'occasion et les prétextes de s'écarter.

La grande halte se fait à moitié chemin : elle doit être un peu plus longue que les autres, mais rarement dépasser une demi-heure.

La dernière se fait à un quart de lieue du nouveau gîte.

A chaque halte, et particulièrement

à la première, les officiers et les sous-officiers s'assurent que les canonniers montés replacent les couvertures, ressanglent les chevaux, et rétablissent les charges dérangées; ils veillent à ce que les hommes à pied ne posent pas leur sac dans la boue, ni leur mousqueton de manière à le détériorer, et font alonger ou raccourcir, selon le besoin, les bretelles des sacs qui leur ont paru mal chargés. A la dernière, on répare la tenue.

A la sonnerie indiquant qu'on va se remettre en route, les hommes à pied rechargent le sac, les hommes montés remontent à cheval, ce qui doit s'exécuter pour tout le monde en même temps. Les capitaines veillent à ce que chacun reprenne son rang avec tranquillité.

Un couplet de la marche annonce le départ.

Hommes qui s'arrêtent.

475. Quand un brigadier ou canonnier désire s'arrêter, si c'est un homme à pied, il doit laisser son mousqueton

à un de ses camarades, et venir promptement le reprendre; si c'est un homme monté, il doit laisser son cheval à un canonnier qui marche à côté de lui; mais cela ne doit arriver que rarement, les haltes étant assez fréquentes pour que les hommes aient le loisir de satisfaire à leurs besoins. Cependant, si un canonnier était indisposé, le capitaine devrait le faire accompagner par un brigadier, pour le ramener dans le rang ou au gîte si l'indisposition le retenait.

Honneurs rendus. — Rencontre d'un autre régiment.

476. Si le corps, étant en marche, est rencontré par le Roi ou un prince du sang, il s'arrête, se forme en bataille; les hommes montés mettent le sabre en main, ceux à pied présentent les armes, les officiers saluent, les trompettes sonnent la marche. Les voitures se rangent à droite de la route; la position de chacune, dans la colonne, est soigneusement rectifiée; les sous-officiers qui marchent sur le flanc mettent

le sabre en main, et font face, par un *à-gauche*, si la largeur de la route le permet.

Pour un officier général, ou toute autre autorité ayant droit aux honneurs d'une troupe en marche, si le régiment ne reçoit pas l'ordre de se mettre en bataille, il rectifie, sans s'arrêter, l'alignement de ses rangs, observe le bon ordre et le silence.

Quand deux troupes se rencontrent, chacune appuie à droite; toutes deux peuvent continuer à marcher, si le terrain le permet; dans le cas contraire, si elles sont de même arme, la première dans l'ordre de bataille est la première à continuer sa marche; si la colonne d'artillerie, marchant avec son matériel, rencontre une troupe d'infanterie, elle s'arrête pour la laisser passer; mais c'est l'infanterie qui fait halte si la colonne d'artillerie marche sans voitures; la cavalerie, dans tous les cas, doit laisser passer l'artillerie. Jusqu'à ce que les troupes se soient dépassées, les tambours battent, les trompettes sonnent, et les soldats s'alignent dans leurs rangs. Tous les officiers et sous-officiers ont attention qu'il ne soit tenu aucun propos qui puisse offenser l'une ou l'autre troupe.

Lorsque le corps doit traverser une ville importante ou tout autre lieu ayant garnison ou des gardes sous les armes, on fait prendre l'arme au bras aux hommes à pied, serrer, former les pièces, et même les sections, porter successivement les armes en approchant des postes, remettre l'arme au bras après les avoir dépassés; les hommes montés mettent le sabre en main, les trompettes sonnent la marche.

ARRIVÉE AU GÎTE.

Ordre donné au cercle. — Étendard.

477. Lorsque la revue de subsistance, où tout doit paraître, est passée dans les places où elle doit avoir lieu, et que les bans et défenses ont été publiés, on sonne à l'ordre : le cercle se compose du colonel, du lieutenant-colonel, du

major, du chef d'escadron, du capitaine et de l'adjudant-major de semaine, du chirurgien-major, de l'adjudant, des maréchaux-des-logis chefs, du trompette maréchal-des-logis et du vétérinaire en premier.

On donne l'ordre pour les distributions, pour la tenue, les visites de corps, pour le pansage général, le pansement des chevaux blessés, pour l'inspection s'il y a séjour; enfin, on indique le lieu du rassemblement et l'heure du départ.

L'ordre donné, le commandant fait conduire l'étendard à son logis en la manière accoutumée; il fait faire par le flanc ou rompre par deux et par batterie.

Ordre dans lequel chaque batterie doit se rendre au logement.

478. Le fourrier, marchant à la tête, conduit la batterie devant le logement du capitaine ou au centre du quartier qu'elle doit occuper. Le capitaine la met en bataille, et après que le maréchal-des-logis chef a donné l'ordre, commandé le service, et que les billets de

logement ont été distribués, le capitaine fait rompre les rangs aux hommes non montés, mettre pied à terre et défiler dans les batteries à cheval; les sous-officiers et canonniers vont à leur logement; les hommes montés conduisent leurs chevaux aux écuries qui leur sont désignées. On ne fait pas mettre pied à terre aux pièces dont les écuries sont trop éloignées.

Le fourrier remet au corps-de-garde de police la note du logement ou les billets des hommes qui ne seraient pas arrivés avec le corps.

Premiers soins aux écuries.

479. Dès que les chevaux sont entrés dans les écuries, on les débride, on les attache assez court au râtelier pour qu'ils ne puissent se rouler; on les décharge, on déboucle le poitrail, on lâche un peu les sangles, on dégage la croupière et on roule les courroies de charge et les lanières.

Les armes, brides, capotes et porte-manteaux sont portés au logement.

Moment où les officiers et canonniers se rendent à leur logement.

480. Quand les chevaux sont placés et déchargés, les officiers de demi-batterie vont à leur logement, ainsi que les canonniers, qui doivent aussitôt prendre la tenue d'écurie, même ceux à qui il est permis de loger avec les officiers.

Défense aux canonniers de chercher leur logement à cheval.

481. Tout officier ou sous-officier qui rencontre un canonnier à cheval quand les batteries ont mis pied à terre, doit le faire descendre, et en rendre compte au capitaine de la batterie dont le canonnier fait partie, afin qu'il soit puni.

Trompette de garde.

482. Le trompette de garde est sous les ordres immédiats du maréchal-des-logis de garde et de l'adjudant de semaine, qui le dirigent pour les sonneries. Il en est commandé plusieurs pour les grandes villes.

DISTRIBUTIONS.

Rassemblement pour les corvées, etc.

483. Une heure après l'arrivée du régiment, on sonne la breloque ou les distributions. A ce signal les maréchaux-des-logis et brigadiers de semaine, ainsi que les fourriers, rassemblent leurs batteries à l'endroit où elles ont mis pied à terre, et les conduisent en bon ordre au rendez-vous indiqué pour les distributions. Dès qu'elles sont réunies, les capitaines de semaine divisent les corvées par nature de distributions, prennent le commandement de celles qu'ils doivent diriger, y répartissent les officiers de semaine qui ont été commandés à cet effet, et agissent en tout d'une manière analogue à ce qui est prescrit au titre *capitaine de semaine.*

Viande et pain de soupe.

484. Les bons de viande et de pain de soupe expriment ce qui revient à chaque pièce, et la distribution se fait en conséquence à chacune.

Comptes rendus et paiement des distributions.

485. Les distributions finies, les capitaines de semaine vont en rendre compte au major; celui-ci au colonel.

Le trésorier paie les fournisseurs suivant les marchés passés par l'adjudant-major qui a précédé le régiment, après qu'ils ont été visés par le major, et il en retire les reçus nécessaires.

A l'arrivée à la destination, il remet à chaque capitaine commandant le bordereau des distributions faites à sa batterie pendant la route. Ce capitaine, après l'avoir comparé avec le livre du maréchal-des-logis chef, le fait afficher dans chaque chambrée pour ce qui regarde l'emploi de la solde de route, dont le restant, s'il y en a, doit être réparti aux ordinaires.

Soins aux écuries au retour du fourrage.

486. De retour aux écuries, les canonniers montés donnent à manger aux chevaux sous la surveillance des maréchaux-des-logis et des brigadiers, qui

ne les laissent desseller que lorsqu'ils n'ont plus chaud, et qui, aussitôt après, les font bien bouchonner et attacher à la mangeoire.

Si le temps le permet, les selles, les colliers et les couvertures sont exposés au soleil ou à l'air; mais, dans tous les cas, les sous-officiers empêchent que le harnachement soit placé en des endroits humides, et que les panneaux, non plus que les corps des colliers, portent à terre.

PANSAGE.

Sonnerie. — Durée du pansage, etc.

487. A l'heure indiquée, le trompette de service annonce le pansage. Cette sonnerie doit être répétée par tous les trompettes des batteries montées au centre du quartier qu'occupent ces batteries, afin que le pansage se fasse partout en même temps. Il doit durer au moins une heure, et l'on doit faire plus souvent usage du bouchon que de l'étrille, surtout sur le dos du cheval de selle et les épaules du cheval de trait,

ces parties étant, en route, plus sensibles, en raison de la sueur occasionée par la selle et la charge et le collier.

Surveillance des officiers et sous-officiers.

488. Le pansage en route est tellement important, qu'il exige la surveillance particulière des officiers de demi-batterie et des chefs de pièce. Si des pièces sont trop éloignées des autres, les officiers et sous-officiers partagent entre eux cette surveillance; les uns et les autres ne doivent se retirer que lorsque les chevaux ont mangé l'avoine, et qu'on leur a donné du foin à défaut de paille.

Les commandans des batteries doivent profiter du moment du pansage pour voir les chevaux de troupe, et s'ils étaient trop dispersés, ils doivent leur assigner un point de réunion.

Abreuvoir.

489. Quand il y a des abreuvoirs commodes pour passer les chevaux à l'eau, et que la saison est favorable, les offi-

ciers et sous-officiers doivent les y faire conduire en règle, ayant soin de s'informer s'il existe des endroits périlleux, afin de les signaler et de les faire éviter.

Garde d'écurie.

490. Quand il y a plus de douze chevaux réunis, on met un garde d'écurie.

ORDINAIRES ET LOGEMENS.

491. Les ordinaires se font dans les logemens des brigadiers, qui demeurent responsables du bon ordre, de la tranquillité et du respect que l'on doit aux habitans et à leurs propriétés. Ils doivent acheter, à l'exception du bois, tout ce qui est nécessaire; en conséquence, ils ne doivent souffrir aucun objet de maraude, et ce, sous les peines prononcées par les lois et réglemens. Les hôtes ne sont obligés de fournir pour l'ordinaire que la place au feu, les pots, plats, assiettes et autres ustensiles de cuisine, ainsi que le bois, s'il n'en a pas été distribué.

Non-seulement dans les ordinaires,

mais encore dans les logemens, les canonniers ne doivent rien exiger; et quand même leurs hôtes leur refuseraient ce qui leur est légitimement dû, comme draps propres, etc., ils doivent s'abstenir de tous mauvais procédés ou voies de fait, et attendre la visite des officiers ou sous-officiers, ou les avertir sur-le-champ.

Les hôtes doivent, avec ce qui est détaillé ci-dessus pour l'ordinaire, le coucher tel que le prescrit l'ordonnance; mais ils ne peuvent être déplacés du lit ni de la chambre qu'ils occupent habituellement.

OFFICIERS DE DEMI-BATTERIE ET CHEFS DE PIÈCE.

Service de semaine.

492. En route le service de semaine des officiers se borne aux distributions, et à l'appel du soir, quand plusieurs batteries sont réunies pour cet appel; chaque officier est chargé de tous les autres détails pour sa demi-batterie, dont il doit toujours avoir avec lui

l'état nominatif. Lés lieutenans de chaque batterie alternent, par jour, pour l'appel du soir, quand il se fait par batterie.

La surveillance active et soutenue, dont le service des écuries a besoin en route, exige que les maréchaux-des-logis et brigadiers des batteries à cheval et montées continuent le service de semaine en entier, sans que cela doive dispenser les autres sous-officiers de prendre plus de part qu'en garnison aux détails dont ils sont chargés.

Visites dans les logemens.

493. Tous les jours, deux heures après que la batterie est entrée dans ses logemens, les officiers et sous-officiers parcourent, autant que possible, chacun une partie des logemens de leur subdivision, et visitent particulièrement celui du brigadier où se fait l'ordinaire, afin de recevoir les réclamations des canonniers, de les porter eux-mêmes au maire de la ville, si elles sont fondées, et de

faire droit aux justes plaintes que les hôtes auraient à porter.

Propreté et entretien des effets.

494. Les officiers et sous-officiers s'assurent que chaque jour les canonniers s'occupent de la propreté de leurs armes, de la propreté et de l'entretien de leurs effets, et, dans les batteries montées, du harnachement des chevaux; qu'en conséquence ils recousent les agrafes et les boutons qui tiennent peu, qu'ils remplacent au besoin les autres, etc.

Pansages. — Chevaux blessés. — Sellerie.

495. Les officiers de demi-batterie des batteries montées à cheval ne peuvent se dispenser d'être présens au pansage. Ils le surveillent en tous les points, ainsi qu'il a été dit aux articles 487, 488 et 489. Ils visitent tous les chevaux, font conduire au pansement ceux qui sont blessés, désignent ceux qui ne devront pas être montés le lendemain, voient la sellerie, et en ordonnent les réparations.

PANSEMENT DES CHEVAUX MALADES.

Lieu où il est fait par les vétérinaires.

496. Le pansement des chevaux malades ou blessés se fait devant le corps-de-garde de police. Les vétérinaires s'y rendent tous les jours à l'heure indiquée pour cet effet.

Présence de l'officier chargé de l'infirmerie.

497. L'officier chargé de l'infirmerie s'y trouve pour surveiller les opérations des vétérinaires.

Examen des selles par le maître sellier.

498. Le maître sellier doit aussi assister au pansement, afin d'aviser aux moyens de faciliter la guérison des chevaux blessés par les réparations qui seraient nécessaires à leurs selles.

Chevaux conduits au pansement.

499. Tous les chevaux éclopés y sont conduits par les canonniers, sous la surveillance du maréchal-des-logis de semaine, qui est chargé d'informer le capitaine commandant des décisions des vétérinaires.

Compte rendu par les vétérinaires.

500. Les vétérinaires, après en avoir prévenu les maréchaux-des-logis de semaine, rendent compte au chef d'escadron de semaine des chevaux dont la charge, ou même la selle, doit être mise aux équipages, de ceux qui doivent être du nombre des chevaux de main, de ceux, enfin, hors d'état de suivre le régiment.

S'ils trouvent des chevaux douteux, ils en préviennent sur-le-champ, afin qu'on fasse loger ensemble les hommes qui les pansent, et que les chevaux soient séparés des autres au gîte et pendant la marche.

Ils doivent avoir un contrôle exact de tous les chevaux malades ou blessés des batteries dont ils sont chargés, pour s'assurer que tous soient pansés.

Compte rendu par le chef d'escadron de semaine.

501. Le chef d'escadron de semaine assiste, autant qu'il le peut, aux panse-

mens; il rend compte du rapport que lui a fait le vétérinaire au lieutenant-colonel, et celui-ci au colonel.

SÉJOURS.

Soins pendant le séjour. — Inspection.

502. Dès l'arrivée au logement où l'on doit séjourner, les officiers et sous-officiers veillent à ce que la buffleterie soit blanchie, les armes nettoyées, les bottes et souliers mieux graissés, les habits battus et raccommodés avec soin, le harnachement des chevaux complétement réparé.

L'inspection du séjour se passe le soir, en tenue de route; les batteries à cheval et montées y paraissent ordinairement sans leurs chevaux. Elle tient lieu d'appel, à moins qu'il n'en soit autrement ordonné.

L'assemblée par batterie et l'assemblée générale se font comme pour le départ.

Revue générale des hommes malades et des chevaux.

503. Le même jour il y a une revue générale des malades et écloppés par le chirurgien-major, et revue des chevaux par le vétérinaire, en présence du chef d'escadron et des officiers et sous-officiers de semaine.

APPELS ET RETRAITE.

Appels.

504. Les jours de marche, à l'heure qui a été indiquée pour l'appel du soir, s'il doit y en avoir, le trompette de police en donne le signal, qui est répété de quartier en quartier par les trompettes des batteries; à cette sonnerie, les sous-officiers, brigadiers et canonniers de châque batterie se réunissent au centre du quartier qu'elle occupe, au lieu où elle a rompu. Le maréchal-des-logis chef en fait l'appel en présence de l'officier de semaine. Le billet d'appel est porté, par le maréchal-des-logis chef, à l'adjudant de semaine, qui le remet à l'adjudant-major.

L'officier supérieur de semaine, l'adjudant-major, les adjudans, les maréchaux-des-logis chefs et le trompette maréchal-des-logis, ont dû se trouver devant le corps-de-garde de police une heure avant celle de l'appel, afin de recevoir les ordres pour le lendemain : le lieutenant-colonel les donne personnellement, ou les adresse au chef d'escadron de semaine; les officiers supérieurs en sont informés par les adjudans, les capitaines et les batteries par les maréchaux-des-logis chefs, et les officiers par les maréchaux-des-logis.

Lorsque les localités rendent facile la réunion générale pour l'appel, elle est ordonnée par le commandant du régiment; alors les sous-officiers, brigadiers et canonniers, et les officiers de semaine, se rendent sur la place indiquée; l'appel se fait, et l'ordre est donné en la forme accoutumée.

Si un canonnier se trouvait absent pour cause d'indisposition, un des maréchaux-des-logis de demi-batterie irait de suite à son logement pour s'assurer de son état, et reviendrait promptement en rendre compte à l'officier de semaine.

Après l'appel on donne à souper aux chevaux en présence des sous-officiers.

Retraite.

505. Tous les soirs, à l'heure indiquée, le trompette maréchal-des-logis et tous les trompettes se trouvent devant l'étendard pour y sonner la retraite; ils parcourent, en la sonnant ensemble, tous les lieux indiqués par l'adjudant-major; ensuite ils se séparent par batterie, selon qu'il y a lieu, pour la sonner dans le quartier qu'occupe la batterie. Le trompette qui est de service la sonne devant la garde de police.

Dans une ville où il y a des troupes, les trompettes, au lieu de se rassembler à l'étendard pour la retraite, se réunissent aux tambours et trompettes de la garnison.

Une demi-heure après la retraite, les canonniers doivent être rentrés dans leurs logemens.

Patrouilles après la retraite.

506. Dans les villes où il n'y a pas d'état-major de place, le commandant de la garde de police fait faire, après la retraite, des patrouilles pour faire rentrer à leur logis les brigadiers et canonniers que l'on trouverait dans les rues, et conduire au corps-de-garde ceux qui seraient pris de vin, ou qui feraient du bruit.

Le lendemain, au réveil, il renvoie à leurs batteries ceux qu'il juge n'avoir pas mérité une plus longue punition, et en rend compte à l'adjudant-major lorsqu'il vient au corps-de-garde de police pour savoir ce qui s'est passé pendant la nuit. Quant à ceux qui auraient mérité une plus longue punition, il attend les ordres du lieutenant-colonel.

ÉQUIPAGES.

Aux ordres de qui ils sont.

507. Les équipages sont aux ordres exclusifs d'un officier nommé par le colonel, qui en charge, autant que pos-

sible, l'adjoint de l'officier d'habillement; cet officier a à sa disposition le vaguemestre et un brigadier désigné pour toute la route.

Domestiques et vivandiers.

508. Les domestiques des officiers et les vivandiers qui marchent avec les équipages doivent obéir à l'officier, au vaguemestre et au brigadier chargés de leur conduite.

Bagages préparés, numérotés et enregistrés.

509. Les porte-manteaux ou sacs doivent être solidement fermés, et porter d'une manière lisible et durable le nom de ceux auxquels ils appartiennent.

Les selles doivent être aussi étiquetées, et les courroies et étrivières arrangées de manière à ne point se perdre.

Les armes ne doivent être placées sur les équipages que lorsqu'il y a impossibilité de les faire porter par des canonniers.

Les bagages doivent être pesés, numérotés et enregistrés.

Porte-manteaux.

510. Les porte-manteaux des officiers doivent être liés ensemble par batterie. Le vaguemestre et le brigadier alternent pour les leur remettre chaque jour une heure après l'arrivée des équipages, et pour les recevoir dans l'heure qui suit la retraite.

Les porte-manteaux de la troupe ne sont délivrés que pour les séjours.

Il n'est reçu ni porte-manteau ni selle, sans un billet du capitaine commandant la batterie.

Dans les batteries détachées la police des bagages appartient au maréchal-des-logis chef; les porte-manteaux ou autres effets ne sont délivrés que par lui ou par le fourrier.

Malades et autres individus placés aux voitures d'équipage.

511. Aucun canonnier, brigadier ou sous-officier n'a le droit de monter sur les équipages, s'il n'est porteur d'un certificat du chirurgien-major.

On place sur ces voitures les canonniers malades et hors d'état de faire route à pied, les nourrices avec leurs enfans, les autres enfans et les autres femmes.

Si quelque accident ou le nombre des malades l'exige, le colonel ordonne que l'aide-chirurgien marche avec les équipages.

A l'arrivée des équipages, les malades, les convalescens, les éclopés, sont visités, et pansés si besoin est, au corps-de-garde de police, ou, s'il se peut, dans une des salles de la mairie, par le chirurgien-major, assisté ou suppléé par son aide.

Garde et chargement des équipages.

512. Les convalescens et les maîtres ouvriers restent aux équipages et en forment la garde pendant la marche, concurremment avec la partie de la garde de police descendante qu'on a jugé à propos d'y attacher.

Dès que les voitures sont arrivées, elles sont, ainsi que les équipages, sous la surveillance et la responsabilité de la garde de police.

Voitures chargées la veille, etc.

513. L'officier des équipages fait toujours en sorte de partir assez matin pour arriver en même temps que le régiment ou peu après. A cet effet il prend toutes les mesures nécessaires pour que les voitures puissent être chargées la veille ; il envoie le vaguemestre ou le brigadier recevoir du trésorier l'ordre que cet officier a dû prendre à son arrivée : muni de cet ordre, le sous-officier se rend chez le préposé, et s'entend avec lui pour les faire amener.

La voiture qui doit être chargée et marcher la première, est toujours celle qui porte la caisse et les archives du régiment.

Hommes de garde aux équipages. — Leurs billets de logement.

514. Pendant la route, le commandant des équipages ne permet à aucun homme de garde de s'éloigner, sous quelque prétexte que ce soit.

A leur arrivée au gîte, il ne laisse remettre les billets de logement que lorsque les voitures sont déchargées et les équipages déposés dans l'endroit à ce destiné.

Défense d'attacher des chevaux aux voitures.

515. Aucun cheval, sous quelque prétexte que ce soit, ne peut être attaché aux voitures d'équipages.

PUNITIONS.

Place, en marche, des officiers punis.

516. Les officiers de tout grade aux arrêts simples marchent à leur rang; les officiers supérieurs et d'état-major aux arrêts de rigueur ou en prison marchent, sans armes, à la queue de la première batterie; les autres, également sans armes, à la queue de leur batterie. Tous reprennent leur punition à l'arrivée au logement.

Place des sous-officiers et canonniers.

517. Les sous-officiers, brigadiers et canonniers, punis de la salle de disci-

pline, de la prison ou du cachot, marchent à l'arrière-garde; les brigadiers et canonniers punis de la prison ou du cachot ont l'habit retourné.

Les hommes prévenus de délits du ressort des tribunaux peuvent être attachés si on le juge nécessaire.

Punitions pour fautes légères.

518. Pour des fautes légères les sous-officiers, brigadiers et canonniers peuvent être punis de la consigne à la garde de police, pendant une ou plusieurs journées de marche, et être retenus à ce corps-de-garde jusqu'à la retraite.

Dans les batteries à cheval et montées ces fautes sont punies par la marche à pied pendant une partie de la journée, pendant la journée entière ou même pendant plusieurs journées, suivant la gravité de la faute. Les condamnés à pied pour moins d'une journée marchent avec l'avant-garde.

DISPOSITIONS GÉNÉRALES.

Batteries détachées.

519. Les batteries et détachemens lo-

gés dans des communes voisines du gîte principal du régiment doivent y établir, pour la police de la troupe, un poste de surveillance, dont le commandant se conforme à tout ce qui est prescrit par l'article 506. Le service s'y fait d'ailleurs comme il vient d'être réglé.

Les commandans des gardes extérieures, lorsqu'il y en a d'établies, et ceux des batteries détachées, envoient toujours une ordonnance au colonel avec le rapport de leur établissement. Ces ordonnances sont logées avec la garde, ou par les soins de l'adjudant, et sont toujours prêtes à marcher.

Devoirs généraux des adjudans.

520. L'adjudant-major, aidé par les adjudans, fait faire les signaux pour toute espèce de service, assiste aux appels, reçoit au poste de la garde de police celui du soir quand les batteries le font isolément, et commande le service des officiers à l'ordre lors de l'arrivée.

Devoirs généraux du major, du capitaine de semaine et de l'adjoint de l'officier d'habillement.

521. Le major et sous ses ordres le capitaine de semaine surveillent et dirigent toutes les distributions; le major s'occupe en outre avec l'adjoint de l'officier d'habillement de toutes les réclamations sur l'établissement du régiment en général, et sur le logement de ses fractions.

Devoirs généraux des capitaines.

522. Les capitaines répondent de l'exactitude des officiers et sous-officiers des batteries à remplir les fonctions qui leur sont prescrites. Les uns et les autres doivent être munis, pour le voyage, d'une copie du présent titre des *Routes*.

Devoirs des trompettes.

523. Toutes les sonneries, tant habituelles qu'imprévues, sont répétées par les trompettes de chaque batterie, au centre de son quartier; sous la responsabilité du maréchal-des-logis chef.

Le trompette maréchal-des-logis commande, la veille, les trompettes qui doivent se réunir le lendemain pour sonner le réveil.

Quart de ration d'avoine après l'arrivée en été.

524. En été, le régiment arrivant de bonne heure au nouveau gîte, les canonniers font manger à leurs chevaux un quart de ration d'avoine qu'ils ont eu soin de prélever sur celle du matin ; mais ils ne les dessellent qu'après les distributions, et alors ils les font boire et leur donnent du foin.

Atelier du maître sellier. — Soins des vétérinaires.

525. Dès que les équipages sont arrivés, le maître sellier établit son atelier au voisinage du corps-de-garde ou des équipages, pour faire les réparations nécessaires.

De leur côté les vétérinaires disposent tout ce qu'il faut pour le pansement.

Réunion ou départ imprévu.

526. En cas de réunion ou de départ imprévu, soit de jour, soit de nuit, on sonne à cheval; à ce signal les batteries se réunissent avec armes et bagages et se rendent de suite au rassemblement général.

DÉTACHEMENS.

Autorité des chefs de détachemens.

527. Tout commandant de détachement, quel que soit son grade, est par cela seul revêtu de toute l'autorité du commandant d'un régiment, pour le service, la police, la discipline et l'instruction.

Contrôles, registres, etc.

528. Le commandant d'un détachement doit être muni,

1.° De l'ordre du départ et d'une instruction par écrit sur l'objet et le service du détachement;

2.° D'une feuille de route;

3.° D'un certificat de cessation de paiement dûment légalisé, et mentionnant par grade le nombre d'officiers, sous-officiers et canonniers du détachement ;

4.° D'un livret de solde ;

5.° Du contrôle nominatif, et par rang de bataille, des sous-officiers et canonniers, pour les rassemblemens et les appels, et pour commander le service ;

6.° Du contrôle annuel des officiers, sous-officiers et canonniers, par batterie, avec leur signalement et le numéro au registre matricule ;

7.° Du contrôle annuel des chevaux, avec le numéro et le signalement de chaque cheval, et à côté le nom de l'homme qui le monte ;

8.° De l'état détaillé des effets d'habillement, grand et petit équipement, et de la masse de chaque homme, ainsi que des effets de harnachement de son cheval ;

9.° D'un registre pour inscrire les recettes et dépenses de toute espèce, relatives à la solde et aux masses ;

10.° D'un registre pour inscrire les distributions de subsistances en tout genre ;

11.° D'un registre pour inscrire, d'une part, la recette, d'autre part, la distribution des effets d'habillement, équipement et harnachement qui pourraient lui être fournis des magasins du régiment ou de ceux de l'état : les distributions y doivent toujours être enregistrées nominativement ;

12.° D'un registre pour inscrire le produit de la vente des fumiers, s'il y a lieu, ainsi que les dépenses d'achat et d'entretien des ustensiles d'écurie ;

13.° D'un registre de correspondance ;

14.° D'imprimés de feuilles de prêt, de feuilles de journées, de décompte, de billets d'hôpital et de signalemens de déserteurs ;

15.° D'un modèle de procès-verbal pour constater la mort d'un cheval.

Le nombre des états et registres ci-dessus mentionnés peut être réduit en raison de la force et de la durée des détachemens.

Visites en route.

529. En route, il doit rendre visite aux officiers généraux, aux commandans de place, et en arrivant à sa destination, aux autorités civiles et militaires.

Ordre de service du régiment suivi autant que possible.

530. Il doit observer scrupuleusement, tant en route qu'à sa destination, les instructions particulières qui lui ont été données, ainsi que l'ordre de-service, les règles de police et d'administration établies au régiment, tant à l'égard des appels, de la tenue, de l'instruction, des punitions, des pansages, qu'à l'égard des distributions de fourrages, réparations du ferrage, etc.; s'en rapprocher toujours, s'il est dans l'impossibilité absolue de s'y conformer littéralement, et soumettre à l'approbation du commandant du corps les modifications que nécessiteraient les localités ou les circonstances.

Mutations. — Comptes à rendre.

531. Il doit inscrire avec une grande exactitude, sur le registre à ce destiné, les mutations de toute nature qui peuvent survenir parmi les hommes et les chevaux, en rendre compte au major au fur et à mesure qu'elles ont lieu, ou du moins aussi fréquemment que possible, afin de le tenir au courant; se conformer à tout ce que prescrivent les réglemens à l'égard de chaque mutation; entretenir une correspondance suivie, tant avec le lieutenant-colonel qu'avec le major, chacun pour ce qui rentre dans ses attributions; enfin, adresser au commandant du régiment, aux époques qu'il lui a fixées, un rapport général et détaillé sur tout ce qui concerne son détachement.

Retour au régiment.

532. Lorsque la troupe doit rejoindre le régiment, il se munit, avant son départ, d'une cessation de paiement en bonne forme. Il s'assure que les dégra-

dations qui peuvent exister au quartier, ainsi que les détériorations qui pourraient avoir été faites aux fournitures de casernement, soient constatées et réparées aux frais de qui de droit.

A son retour au régiment, le détachement est inspecté par le colonel ou le lieutenant-colonel, s'il est commandé par un chef d'escadron ; par le chef d'escadron de semaine, s'il est commandé par un officier ; et par l'adjudant-major de semaine, s'il est commandé par un sous-officier : en conséquence, le commandant du détachement doit faire prévenir le lieutenant-colonel de l'heure présumée de son arrivée, assez à temps pour que celui de ces officiers qui doit l'inspecter puisse le faire à l'instant de son arrivée sur la place ou au quartier.

Le commandant du détachement remet au lieutenant-colonel les certificats de bien vivre. Il se présente ensuite chez le colonel pour lui rendre compte, ainsi qu'il a dû le faire au lieutenant-colonel, de tout ce qui concerne le détachement. Il rend aussi compte au major et au trésorier de ce qui regarde l'administration et la comptabilité, aux commandans des diverses batteries qui avaient des hommes à son détachement, de tout ce qui intéresse ces hommes et leurs chevaux, sous les rapports de la police et de la comptabilité en deniers ou en distributions, comme sous ceux de l'habillement, de l'équipement, de l'armement, du harnachement, du ferrage, des médicamens, du casernement, etc.; enfin, il consomme, sans nul retard, en produisant les pièces à l'appui, les divers comptes auxquels son détachement a pu donner lieu avec chacun d'eux, ainsi qu'avec le trésorier et les officiers chargés de détails.

ESCORTES.

Arrivée au rendez-vous.

533. Le commandant d'une escorte se trouve au rendez-vous à l'heure pres-

crite avec sa troupe. Il doit la présenter et la maintenir dans le meilleur ordre et la meilleure tenue.

Escorte d'honneur.

534. Quand c'est pour uné escorte d'honneur, il met pied à terre, s'il est nécessaire, pour annoncer son arrivée à la personne qu'il doit accompagner, ou qui préside à la cérémonie, et prend ses ordres s'il ne se trouve là aucun officier ou fonctionnaire chargé de le recevoir et de lui en donner.

La troupe doit être en bataille et sous les armes devant le logement occupé par la personne ou le cortége à escorter. Au moment où cette personne ou le cortége se met en marche, la troupe se met aussi en mouvement, et le commandant se conforme aux instructions qui lui ont été données sur l'ordre de la marche. Il veille à ce que chaque canonnier se tienne à son rang, garde la bonne position sous les armes, et se comporte avec la décence, le respect et les égards convenables.

Sa mission terminée, il ne quitte la personne qu'il a escortée, ou qui présidait à la cérémonie, qu'après avoir pris ses ordres.

Le présent réglement sera mis à exécution dans les régimens du corps royal de l'artillerie, pendant les années 1830 et 1831.

Paris, le 17 Avril 1830.

TABLE
DES
TITRES ET DES ARTICLES(*).

(*) Suivie d'une Table du service journalier.

Réception et transmission des ordres.

MARÉCHAL-DES-LOGIS CHEF.

Articles. Pages.

MARÉCHAUX-DES-LOGIS.

Maréchal-des-logis chef de pièce.

Service de semaine.

Service de planton ou d'ordonnance.

FOURRIER.

BRIGADIERS.

Brigadier de chambrée.

MODE DE RÉCEPTION DES SOUS-OFFICIERS ET DES BRIGADIERS.

CONSIGNE GÉNÉRALE POUR LA GARDE DE POLICE.

Devoirs de la sentinelle du poste.

Devoirs du Brigadier de garde.

Devoirs du Maréchal-des-logis de garde.

CONSIGNE DES GARDES D'ÉCURIE.

SERVICE DES VÉTÉRINAIRES.

VAGUEMESTRE.

TRAVAILLEURS.

TENUE.

MESSE.

PERMISSIONS.

Permissions pour les sous-officiers et canonniers.

PUNITIONS.

12.

ASSIETTE DU LOGEMENT. — CASERNEMENT.

TABLES.

Tables des sous-officiers.

DETTES.

Dettes des sous-officiers, brigadiers et canonniers.

ROUTES DANS L'INTÉRIEUR.

Dispositions préliminaires.

Logement et avant-garde.

Hommes à pied malades, chevaux éclopés.

Rassemblement et dispositions pour le départ.

Départ et marche.

Arrivée au gîte.

TABLE ANALYTIQUE

DU SERVICE JOURNALIER.

Réveil.

SONNÉ à six heures moins un quart, du 1.er octobre au 1.er avril; — à cinq heures moins un quart, du 1.er avril au 1.er octobre.

Lever des canonniers; — ceux commandés dans chaque chambrée envoyés de suite aux écuries par le brigadier. — Lits découverts. — Fenêtres ouvertes.

Le brigadier de chambrée va aux écuries avec les autres canonniers, à la sonnerie du second appel.

Le maréchal-des-logis et le brigadier de semaine s'y sont rendus à la sonnerie du réveil.

ADJUDANT de semaine...... Art. 175
Maréchal-des-logis de semaine..... 226
Brigadier de chambrée........... 264
Brigadier de semaine. 292

Déjeûner des chevaux.

Sonné à six heures, du 1.er octobre au 1.er avril; — à cinq heures du 1.er avril au 1.er octobre. Distribué par le brigadier de semaine; — donné aux chevaux par les gardes d'écurie et par les canonniers envoyés dour les aider. Litière relevée; — écuries nettoyées. Un maréchal-des-logis de semaine présens. Lampes remises par des gardes d'écurie, après le déjeûner des chevaux, au maréchal-des-logis chargé des détails d'écurie.	*Adjudant de semaine*......... Art. 175 *Maréchal-des-logis de semaine*, 226, 227, 233, 234 *Brigadier de semaine*.............. 292 *Gardes d'écurie*... 345, 348, 349

Appel et Pansage du matin.

Sonné à sept heures, du 1.er octobre au 1.er avril; — à six heures, du 1.er avril au 1.er octobre. Appel de chaque batterie fait devant l'officier de semaine par le maréchal-des-logis chef; — compte rendu par lui à	*Adjudant de semaine*.......... 172, 175 *Maréchal-des-logis chef*....... 203, 206 *Maréchaux-des-logis* 210 *Maréchaux-des-logis de semaine*, 225, 227, 228, 229, 230, 231, 232

l'adjudant. — Les chevaux que doivent monter les hommes des classes d'instruction désignés par le maréchal-des-logis chef. — Avoine distribuée par le brigadier de semaine aux canonniers chargés de la donner à chaque ordinaire de chevaux.

Pansage fait dehors, quand le temps et le local le permettent. — Sonnerie pour l'abreuvoir exécutée au signal qu'en fait donner l'adjudant-major de semaine. — Écuries balayées et mangeoires nettoyées par les canonniers restés aux écuries pendant qu'on est à l'abreuvoir. — Avoine donnée au retour, après que les chevaux ont été bouchonnés. — Paille donnée après que l'avoine est mangée. — Devant des écuries balayé.

Fourrier ..... Art. 251
Brigadiers 255, 257
Brigadier de chambrée 264, 269
Brigadier de semaine 291, 293, 294
Vétérinaires 357

Retour des écuries. — Propreté dans les chambres.

Canonniers rentrant dans les chambres, le

Maréchal-des-logis de pièce 212, 217, 218

fourrier au trésorier, qui enregistre les mutations; — rapporté par le fourrier au maréchal-des-logis chef, qui le présente avant huit heures au capitaine commandant.

Entre huit et neuf heures, rapport reçu du maréchal-des-logis de garde par l'adjudant de semaine.

A neuf heures, maréchaux-des-logis chefs, sous-officier instructeur d'équitation, adjudant, adjudant-major, chef d'escadron de semaine et un vétérinaire, réunis au lieu indiqué pour le rapport général. — Rapports des batteries réunis par l'adjudant, qui en forme le rapport général.

Un double de ce rapport est remis lors de la parade, ou porté après la parade, au major par l'adjudant.

Sous-officier instructeur d'équitation. . . . . . . Art. 79
Maréchal-des-logis de garde. 341
Fourrier. 250
Vétérinaires. 357

Autres rapports journaliers.

— Du brigadier de chambrée au maréchal-des-logis chef de pièce;

Maréchal-des-logis chef. 202

— Du maréchal-des-logis de semaine au maréchal-des-logis chef et à l'officier de semaine;

— Du maréchal-des-logis chef de pièce, au maréchal-des-logis chef et à l'officier de demi-batterie;

— Du maréchal-des-logis chef à l'officier de semaine, de tout ce qui concerne le service, la police et la discipline; et aux officiers de demi-batterie, de ce qui les regarde dans l'administration;

— Des adjudant de semaine et vétérinaires, à l'adjudant-major de semaine, et de ce dernier à l'officier supérieur de semaine, après les pansages;

États de mutations remis dans la matinée au major, de la part des capitaines, par les fourriers, pour les batteries,

Maréchal-des-logis chef de pièce Art. 221
Maréchal-des-logis de semaine. 224, 226
Fourrier 250
Brigadier de chambrée....... 264, 267
Vétérinaires....... 357

Garde montante et parade.

. Rassemblement de la garde sonné à onze heures et demie.

Adjudant de semaine..... 172, 176, 186
Mar.-des-logis chef. 205

Hommes de service présentés par le maréchal-des-logis de semaine à l'inspection de l'officier de semaine.	*Maréchaux-des-logis*........ Art. 211
Garde et sous-officiers rassemblés par l'adjudant de semaine.	*Maréchal-des-logis de semaine*.. 236, 227
Les gardes d'écurie, assemblés en même temps que la garde montante, sont conduits à leur poste par le brigadier de semaine.	*Fourrier*......... 249
	Brigadier de semaine 296
	Trompettes........ 302
	Gardes d'écurie.... 344

Ordres de la place et du régiment.

Service réglé avec l'état-major de la place par l'adjudant de semaine qui va y écrire l'ordre, et qui, s'il y a quelque disposition pressante, fait sonner à l'ordre. — Livres des ordres de la place et de ceux du corps tenus par lui.	*Adjudans*......... 169
Ordre sonné et cercle des sous-officiers formé au commandement de l'adjudant-major, après que la garde a défilé, qu'il a reçu l'ordre au cercle général de la garnison,	*Adjudant de semaine*......... 175, 184, 187
	Maréchal-des-logis chef.. 204
	Maréchal-des-logis de semaine...... 237
	Fourrier.......... 249
	Trompettes........ 303

et qu'il l'a communiqué au colonel et au lieutenant-colonel; — il fait commander le ser ice par l'adjudant; — il donne l'ordre et indique l'heure des rassemblemens, etc., et désigne les officiers de semaine qui doivent veiller aux repas des chevaux et ceux qui doivent aller aux distributions.

Le cercle rompu, il informe des ordres donnés les officiers supérieurs presens à la parade; l'adjudant qui n'est pas de semaine en donne connaissance aux autres et aux officiers d'état-major. — C'est l'adjudant de semaine, autant que faire se peut, qui les communique au major. — Le maréchal-des-logis chef en rend compte à son capitaine commandant, et le maréchal-des-logis de semaine aux autres officiers de la batterie.

Ordre dicté aux fourriers par l'adjudant de semaine, avant l'appel de trois heures, et porté

aux officiers de chaque batterie par le fourrier. Quand il y a de nouveaux ordres après la garde montée, l'adjudant-major fait sonner à l'ordre pour les maréchaux-des-logis chefs ou pour les maréchaux-des-logis de semaine, selon qu'il y a lieu.	

Diner des chevaux.

Sonné à midi. Mêmes devoirs qu'au déjeûner.	*Adjudant de semaine*.......... Art. 175 *Maréchal-des-logis de semaine*...... 234 *Brigadier de semaine*.............. 296 *Garde d'écurie*. 348, 359

Appel de trois heures et pansage.

Sonnés à trois heures. Mêmes devoirs qu'à l'appel et au pansage du matin. L'ordre du jour lu et les divers services commandés à l'appel par le maréchal-des-logis chef.	*Adjudant de semaine*......... 172, 175 *Maréchal-des-logis chef*... 203, 204, 206 *Maréchaux-des-logis* 210 *Maréchal-des-logis de semaine*..... 225, 227, 228, 229, 230, 231, 232, 240 *Fourrier* 251

	Brigadiers. Art. 255, 257
	Brigadier de semaine..... 291, 293, 294
	Vétérinaires....... 357

Souper des chevaux.

Sonné à six heures, du 1.er octobre au 1.er avril, — à sept heures et demie, du 1.er avril au 1.er octobre.	*Adjudant de semaine*............. 175
Mêmes devoirs qu'aux autres repas.	*Maréchal-des-logis de semaine*.. 234, 241
Écuries balayées; — litière étendue. — Le brigadier de semaine voit si les chevaux sont bien attachés, si les lampes sont en état et si les gardes d'écuries sont à leurs postes.	*Brigadier de semaine* 299 *Gardes d'écurie*... 345, 348, 349

Retraite. — Fermeture du quartier.

Trompettes rassemblés par le trompette maréchal-des-logis pour sonner la retraite à l'heure ordonnée.	*Adjudant de semaine*............. 175 *Maréchal-des-logis de garde*........ 334, 335
Portes du quartier et des écuries fermées à la retraite par les soins du maréchal-des-logis et du brigadier de garde; — le guichet des grandes portes reste seul ouvert.	*Brigadier de garde*.. 326 *Trompettes*....... 340 *Gardes d'écurie*.... 351

Appel du soir.

Sonné une demi-heure après la retraite.

Fait dans chaque chambre par le brigadier de chambrée, en présence du maréchal-des-logis chef et de l'officier de semaine.

Billet d'appel de la batterie, signé de l'officier de semaine, remis par le maréchal-des-logis chef à l'adjudant de semaine.

Relevé général des billets d'appel fait par l'adjudant, signé par l'adjudant-major, et porté chez le colonel par l'adjudant.

Contre-appels ordonnés, s'il y a lieu, par le chef d'escadron de semaine ou par l'adjudant-major; l'adjudant de semaine y assiste : il en fait lui-même, lorsqu'il le croit nécessaire, et après avoir pris les ordres de l'adjudant-major, à qui il en rend compte le lendemain.

Adjudant de semaine. Art. 172, 175, 177, 178

Maréchal-des-logis chef........... 203

Maréchal-des-logis de semaine..... 225

Fourrier......... 251

Brigadier de chambrée...... 273, 274

Feux et lumières.

Éteints dans chaque chambrée par le cuisinier, à la sonnerie qui a lieu une heure après l'appel. — Le cuisinier doit auparavant avoir rempli les cruches d'eau.

Lanternes des écuries allumées, dès qu'il fait nuit, par les gardes d'écurie.

www.ingramcontent.com/pod-product-compliance
Ingram Content Group UK Ltd.
Pitfield, Milton Keynes, MK11 3LW, UK
UKHW012024240726
13965UKWH00002B/557

9 782013 061971